宇城憲治師直伝「調和」の身体論

武術に学ぶスポーツ進化論

宇城憲治 監修
小林信也 著

はじめに

宇城憲治師範が体現する「日本人の身体文化」にはすべてのスポーツ選手、指導者、応援者が学ぶべき「心技体の連動」「文武両道の本質」が秘められている。

商業主義・勝利至上主義と融合して巨額のビジネスになり、競技とは直接関係ない権力者たちのマネーゲームに支配されているスポーツ界はいま、本来の理念や目的を失い、深刻な弊害に蝕まれている。この偏った状況を打破し、競技者も愛好者も、少年少女も中高年も一人ひとりがスポーツで自分を磨き、人生を謳歌できるよう、新たな繁栄を築きたい。その道筋を宇城師は明快に示している。

二十余年前、幸運にも直接学ぶ機会をいただいた私は、宇城師が多くのスポーツ選手、指導者、チームを指導する現場に同行した。サッカー日本代表の岡田武史監督、現在はソフトバンク監督としてパ・リーグ制覇を果たした小久保裕紀選手（当時巨人）、引退後に監督としてセ・リーグ3連覇を達成する緒方孝市選手（広島）、オリンピック連覇を狙っていた水泳・平泳ぎの北島康介選手、水泳世界選手権背泳ぎで優勝する古賀淳也選手らの指導にも同席し、一緒に学ばせてもらった。

すでに競技の頂点を極めた選手や指導者たちが、宇城師の指導で目覚め、それまでと次元の違う境地を体感し変化する姿に、私自身感激した。人間の奥深さ、潜在力の無限さに気づかされ、心が躍った。こうした指導の様子はこれまであまり報道されなかった。私も一部しか書くことをしなかった。そのため、多くの人にとっては知られざる境地に違いない。けれど実際に、スポーツの深い先には、これから伝える心技体の遥かに高い次元、人間の神秘の領域がある。

今回、宇城師からお勧めをいただき、彼らが宇城師に学んだ心技体の核心をお伝えできることを光栄に感じる。

「目先の勝負に勝てばいい」という価値観でなく、「将来を見据えた」「人間形成につながるスポーツとの向き合い方」の手がかりだと確信している。

読者のみなさんは、これまでの常識や先入観との違いに戸惑うかもしれない。その気づきと変化に身をゆだね、読み進めていただけたらうれしい。

宇城憲治師直伝「調和」の身体論

武術に学ぶスポーツ進化論

目次

第一章　スポーツに「基準」はあるか　15
いつでも戻れる原点の大切さ

第四章 身体をひとつにする「身体脳」

地球と「調和」する発想

第五章　絶対と相対を知る　129

真剣勝負から生まれた心技体の体系

第六章　熱狂に踊らされる日本人　161

勝利至上主義と商業主義に翻弄される病弊

第七章　「戦わずして勝つ」　文・宇城憲治　181

武術が平和に貢献する道

エピローグ　スポーツの目的は何か 191

第一章

スポーツに「基準」はあるか

いつでも戻れる原点の大切さ

キャッチボールの「基本」とは何か

宇城師に《武術》を学び始めて、すぐ理解できないことは山ほどあった。

そのひとつが、「いまのスポーツには基準がない」という指摘だった。基準？　その意味さえ、はっきりと認識できなかった。

「スポーツ界には、調子を崩した時、そこに戻って一からやり直す《基準》がありますか」

宇城師に問われた。答えを探したが、確たる《基準》があるとは、言えなかった。それでも私の中には100パーセント同意できない抵抗感があった。

基本とか基礎という言葉ならスポーツの現場で日常的に使われる。だから、「スポーツに基本がない」と言われたら、「それは違います」と否定したい気持ちが胸の中に湧き上がる。「基本が大事だ」という教えは耳にタコができるほど聞かされ、子どもの頃から、嫌になるほど基本練習を繰り返してきたからだ。

(基本ならスポーツにもありますけど)

たぶん私は、ムッとした表情を浮かべたのだろう。すると、

「野球の基本は何ですか？」

　宇城師に訊かれた。少し考えて、

「ランニング、体操……。いえ、キャッチボール、トス・バッティング……」

　と答えた。頭に浮かんだのは、子どもの頃の定番だった『うさぎ跳び』や『短いダッシュの繰り返し』。あるいは炎天下のランニングの光景だった。

「それは練習メニューであって、基本ではありません」

　言われて何となく指摘されている方向性がわかりかけた。

「キャッチボールの基本は？」

「……、相手の胸をめがけて投げます。捕る時は両手で……。いえ最近は片手で捕るほうが合理的だと」

「どっちですか？」

「どっちもありというか、レベルに応じて」

　曖昧な答えしか返せなかった。

「どうすれば、相手の胸に届くのですか？」

「それは……、しっかり狙って」

「狙えば胸に行きますか？」

そこまで追求されて、すっかりお手上げになった。

胸のライトを照らす

ならば武術にはその答えがあるのだろうか？　すると、興味深い実験を促された。それは「胸のライトを照らすと身体が変わる」という体験だった。

「人間には、目に見えない力があります。今だってみんな、日頃それを使っているのに、現代人はその存在を忘れてしまっている。それをはっきり口に出せば、『非科学的だ』と笑われる傾向も強いでしょう。けれど、日本語には、『気が利く』『気がつく』『気が回る』『気に入らない』など、《気》がつく言葉が山ほどある。その言葉をみんな普通に使うし、その意味は誰もが理屈抜きに理解している。それなのに、実際に《気》が自分たちの身体から出ているという当たり前のことはまるで否定しているようです」

そう言って、私たちの身体からも《気》の片鱗とも言える《目に見えないエネルギー》が出ている証拠を簡単に実感させてくれた。

二人ひと組になり、ひとりが馬乗りの格好で上体を前にかがめ、両手を床に伸ばす。もうひとりが両手でその背中を上から押さえる。押さえられたほうが上体を起こし、「気を付け」の姿勢に戻ろうとする。押さえるほうは上から少し体重をかけ、それを押さえる（腰を痛めないよう注意。お互いに無理な力は使わない）。二人の体力・体格に大きな差がなければ、背中を押さえられたほうは抵抗を感じ、スムーズに起き上がることができない。

次に、押さえられるほうが《胸のライト》を照らす。自分の胸から、バレーボールくらい大きな火の玉（サーチライト）が放射されている光景を見る。「光景を見る」と書いたのは、想像ではダメだからだ。頭で想像するのではなく、実際に強力な光が放射されている光景を「見る」のが大事だ。さっきと同じように前傾し、上から押さえてもらう。押さえられたほうは、胸のライトをさらに激しく床に向かって照らし、その勢いでパッと起き上がる。すると、押さえたほうは、先ほどとは質の違う瞬発力でアッという間に撥ね上げられ、押さえることができない。

私が初めてこれを体験した時は、まずキツネにつままれた感じだった。自分ではとくに力を出したつもりもないのに、《胸のライト》を照らすと全然違う次元のエネルギーが全身にみなぎっているのを実感した。姿勢がよくなり、身体全体がキリッとして揺るぎない自信に包まれた。

このパワー、このエネルギーは何だ？

それまで自分が思い描いていた「力の概念」でいう「力」を出したつもりはないのに、平然と立ち上がった自分に感動し、戸惑った。

明らかに、自分の身体の内部にも、筋力やパワーの概念とまったく違う、筋力よりもっと破格のエネルギーがあることを実感した瞬間だった。

質の違う力の発動

筋力とはまったく違う、質の違うエネルギーがみなぎった実感が、先の体験で重要なところだ。

人間には、これほどの潜在力がある。素直な人なら、このことに感動する。

今まで「力」だと思っていたものは何だったのか？

筋力を使って、意識して「出そう」としていた「力」とは別の力が身体の中に秘められていた。《胸のライト》によって、その潜在力が引き出された。

最初は「なぜ？」と考えることもしたが、二度三度繰り返すうちに、現実の変化が面白くなって、素直に変化を楽しむ自分がいた。なぜなら、実際に《胸のライト》を使うだけで自分が変わり、何度やっても同じ結果が得られるのだから、疑う余地もない。そして何より、自分の変化に感動する。

《胸のライト》は、人気漫画『ドラゴンボール』の主人公・孫悟空が繰り出す必殺技《かめはめ波》に似ている。まさにあれだと私は感じている。

そして、これを具体的に活用する方法を宇城師は指南してくれた。

「キャッチボールで、ボールを投げる前に、胸のライトを先に相手の胸に照らします。そして、そこにボールが行ったところを見て、投げる」

そう言って宇城師がボールを投げた。野球的には流麗なフォームではない。無骨な投げ方。だが投じられたボールは、見事に相手の胸に収まっていた。

「先に見る」

ここでも先に見る重要性を強調された。想像ではない、先に見る。

そのことをさらに身体に刻み付ける方法を次に提案された。

「ボールを持って走ってください。自分がボールになって走るのです」

ボールになって、という表現は、自分自身が《光》になって、と言い換えてもいいだろう。右手でボールを握り、腕をまっすぐ前に伸ばし、ボールを相手の胸に向けて走る。

野球の指導者、経験豊富な選手はバカバカしいと感じてやらないかもしれない。しかし、実際にやってみると、思いがけない変化に胸を衝かれた。お互いに、何度かボールを持って往復し、それからボールを投げてみる。すると、これまでと明らかに違う正確さと揺るぎない感覚を経験する。

私は自分でもやったし、監督を務めていた中学硬式野球チーム（東京武蔵野シニア）でも繰り返し選手に勧めた。すると、

「ちゃんと相手の胸に行く」

「コントロールがぶれない。安定する」

「自信を持って投げられる」

選手からはそんな言葉が口々に出た。

投げる前に、ボールを持って走る

さらに、野球のシートノックの最初にやるボール回しに応用すると、目を見張る変化が体験できた。

選手が何人か、それぞれ本塁、一塁、二塁、三塁に立ち、順番にボールを投げて塁間を回す（送球を繰り返す）、野球では定番の練習。これをまず投げずに、ボールを持って走り、相手の胸に届けて2周くらいする。それから実際にボールを投げてみると、正確さ、素早さが格段に違う。投げる前に、先に相手の胸にライトを照らせばなお確かになる。

中学生たちで試してみたら、驚くほど変化が現われた。

先にボールを持って2、3周してから実際にボールを投げると、最初のボール回しとはまったく安定性もスピードも違う。正確で素早いボールがミスなく続く。やっていても見ていても気持ちいいほどの変わりようだ。

ストップウォッチでタイムを計ったこともある。言うまでもなく、時間は短縮する。だが最初にあえてスピードに触れなかったのは、タイムの違いではなく、もっと目に見えない確かな変化が起こった、そちらのほうが「ずっと重要で意味がある」と実感したからだ。

明らかに、速さだけでない、「質の違う変化」が起こっていた。

自信にあふれ、揺るぎない空気がダイヤモンドに充満する。その一体感、活力の違いと「つながっている感じ」はほぼ全員が体感した。

スポーツ空手の課題

漠然と感じた変化を、宇城師は少し違った方向から説明してくれた。

例に挙げたのは空手の「突き」だった。

両脚を開き、四股立ちで1、2と突きを繰り出す。右、左、右、左……。空手の「突きの稽古」なら、誰もが思い浮かべることができるだろう。

いま大半の空手家は、「この稽古の意味をわからずにやっている」と宇城師は嘆いた。

「空手もスポーツ化して、武術的な要素を失くしている。スポーツ空手は、もはや武術ではない」

だから、突きの稽古をいくらやっても「意味がない」と。

何が問題なのか？

「たいていの人が、スピードでパワーが出ると勘違いしている」

勘違い？　それは勘違いなのか？

野球界でも、コーチは「速く腕を振れ！」と教える。腕が速く振れたら、投げるボールも速くなる、と信じている。打撃も同じだ。バット・スイングの速さはとても重要で、スイングが速ければ打球も速くなり、飛距離にも影響すると信じられている。もちろん、遠くに飛ばすには打球の角度も重要だから、速さだけが飛距離を生むとは言わないが、バット・スイングが遅いより速いほうが飛ぶという感覚はほとんどの野球人が持っているだろう。

その考えは違う、という。

突きの威力と身体の動きのスピードが「実は関係ない」という話は、話題が少し横にそれるので、後で詳しく解説する。まずは大半の突きの稽古に「意味がない」という話に決着をつけよう。

「片手を引いて、突きの稽古の準備をしてください」

宇城師に言われるまま、右手の拳を右腰の脇に当て、左手を前に突き出した。この姿勢から、左手を引くと同時に右手を突く。

「どうぞ」

と宇城師が言った。

「えいっ」と、右手を前に出そうとするが、詰まってしまってビクともしない。宇城師が、私の右手の拳の前に軽く手のひらを当てていたからだ。その手に強い力がかかっているわけではない。ただ衝立のように、私の拳の行く手を阻んでいるにすぎない。それでも、どんなに力を入れても宇城師の手のひらを突破することができない。右手だけでなく、身体全体に力が入り、息が止まって苦しくなる。

「どうです？」

宇城師が笑いながら訊いた。

どうです？　と訊かれて、「動きません」と答えることはできるが、宇城師が意味するところはまったく想像できなかった。

「事の起こりを押さえてしまえば、人は動けなくなります」

それはまさに、武術の核心にも通じる言葉だと、学び続けて少しずつわかってきた。

「隙がある、ということです。野球には隙がある。それを指摘されることもなければ、自覚することもない。力づくの勝負など、真剣の世界では意味がないし、通用しません。隙があったら、斬られて死んでしまいます」

瞬発力の実体

構えた位置と、突きを伸ばした位置、これは2点だ。拳は腕につながっているから、理論上、瞬間移動などできない。腕が移動して、その先に付いている拳も動く。しかし、宇城師の感覚はそうではない。

構えた位置にある拳が、次の瞬間には伸ばした位置にある。この瞬間移動こそが、本来の基本であり、目指す究極への入口ではないか、宇城師の指導を受けて感じ始めた。

「それが瞬発力です」

宇城師が言いながら、拳を壁に伸ばした。ピタッと拳が壁についている。

「この拳のスピードはゼロですが、エネルギーは充満しています」

そう言って、グッと拳に気力を込めると（拳を当てたまま壁を突くと）、部屋全体が揺れたようなざわめきが起こった。大袈裟に聞こえるかもしれないが、その場にいた誰もが地震が起きたかと思わず辺りを見回すほどの衝撃を感じた。

拳に身体の内部から伝わってきたエネルギーが充満しているから、スピードの勢いを借りる必要がない。拳自体が、エネルギー体になっているのだ。

こうした発想も、スポーツにはない。私は少なくても、長いスポーツ経験を通して、このような発想に出合ったことはなかった。

スポーツの分野で瞬発力と言えば、ジャンプ力とかバネがあるというイメージになる。だが、本質的な瞬発力は、それとはニュアンスが違う。文字通り、一瞬にして発揮される力。勢いのあるエネルギー。

それを体得する重要な基礎として「呼吸と姿勢」があり、「光を照らす」「先に見る」などの手がかりがある。これを反復し、身体に叩き込んでいく。

普通に見れば、空手の突きで、構えた位置から当てる的までの間には距離がある。だが、「1《イチ》!」と号令がかかった次の瞬間には、瞬間移動したかのように、拳が的に当たっている。それでこそ本来の突きの所作だという。それを実現するにはもちろん引き手の連動も重要だ。これを夫婦手《めおとて》という。

構えた位置からインパクトまでの瞬間移動

「バット・スイングも同じです」

宇城師の指導は続く。構えた姿勢から、どんな軌道を通ってインパクトの位置までバットを動かすか。それは打撃の永遠の課題のように言われている。ダウン・スイング、アッパー・スイングなど、いまも議論が繰り返されている。

だが、武術的な真理に照らせば、いたってシンプルだ。

構えた位置から打球を捉えるインパクトまでの『距離』を作らない。

一般的な打撃理論の表現を借りれば、「バット・スイングを速くする」となるだろうが、「速くする」のでなく、「移動時間をゼロにする」のだから、スピードの問題ではない。

そんなことがどうすれば出来るのか？

すると今度は、別の光の使い方を提案された。

「おへそから光を出します。サーチライトみたいな真っすぐな光です」

実際にバッティングセンターでやってみた。

バットを構えた姿勢から、「打つ」と決めた場所にボールが来たら、おへその光をパッとボールに向ける。周囲から見たら「上体を回す」動作だが、本人は「回そう」としたのでなく、「パッと光を向けた」感覚だ。すると、身体が驚くほど機敏に動き、「回そう」と意識して上体を動かした時とは明らかに次元の違う素早さでボールを正面に捉えることができた。私は打撃が得意ではなかったので、通常は速球に振り遅れることが多かった。ところが、おへそのライトをボールに向けると、先にもうバットがインパクトの直前まで移動して待っているので、あとは「ボールがきたらチョンとバットを出すだけ」みたいな余裕たっぷりの感覚になった。

投球を打者の自分が先にコントロールする感覚を生まれて初めて経験した。それまでは、「来たボールに何とか合わせよう」とするのが精一杯だった。「必ず打てる！」、従来感じたことのない自信が全身にみなぎった。当然、打撃が楽しくなった。投手と打者の空間を自分が支配している、支配できそうな手応えに理屈抜きの感動を覚えた。

パワーの源泉はエネルギーだ

物理学では『F＝ma（パワー＝質量×加速度）』と説明される。多くの人は、感覚的に「その通りだ」と感じているかもしれない。ところが、

「パワーは、加速度つまりスピードがゼロの状態でも発揮できます」

と宇城師は言った。そして、私たちにその事実を目の前で証明してくれた。

拳を握って、ポンとこちらの胸に当てる。外から見れば、拳は止まった状態だから、スピードはゼロ。大して威力はないと思われる。ところが、宇城師がにやりとした瞬間、私は後方に飛ばされてしまった。拳を握った腕を伸ばしたわけではない。ほんの少し、拳に気合を込めた感覚だけで、「うっ」と呻くような威力で気圧されてしまった。

「エネルギーだから」

宇城師は当然のように言った。「エネルギー」という意味が、最初は理解できなかった。止まっている拳になぜエネルギーがあるのか？

宇城師が他の仲間に同じことを繰り返す光景を見るうちに、そして、宇城師の断片的

な説明で少しずつ意味がわかりかけた。

要約すれば、エンジンを始動させて停車している自動車のようなものだ。

エンジンを切って駐車している車と、エンジンをかけて停車している車は、外から見れば同じように停車している状態に見える。しかし、エンジンのかかった車は、クラッチをつなげば（オートマチック車ならＤ〔ドライブ〕に入れてフットブレーキを解除すれば）すぐ動き出す。

人間も同じ。一見、動きは止まっているようでも、内面の回転をかけておけばいつでも力が発揮できる。宇城師が胸に当てた拳は、止まっているように見えてエンジンが激しく回転している状態だから、グッとスイッチを入れた途端、激しい回転がこちらに伝わって飛ばされたわけだ。

人の内面にもエンジンのような内燃機関があり、エネルギーを貯めておく機能があるなどと、考えたことはなかった。「力」と言えば、すべて筋力やスピードで理解するのが当たり前。だから、筋力が強くスピードが速いほど威力がある、打球が遠くに飛ぶ、と単純に思い込む発想に支配されていた。

実はそうではない。人間の身体はもっと高性能で、いい意味で複雑で深淵な相乗機能を秘めている。スポーツは、こうした普段の生活では開発しにくい高度な身体の閃《ひらめ》きを促す格好の身体運動のはずだ。

頭の回転が早い、という表現は昔からよく聞くが、身体の回転が早いとはあまり聞かない。だがまさに、身体の回転こそが、人間の能力発揮にはとても重要なのだと気づかされた。内面の回転を高めることこそ、トレーニングの目的と言ってもいい。それはスポーツの成果だけでなく、紛れもなく、人間力の向上に直結する成果ではないか。そう感じた時、ますます、現在のスポーツ界にない新たな次元を学び、役立てたいと心から願った。

一度調子を崩したら、元に戻れない

宇城師に学び始めた当初、伝統的な身体文化の見識は皆無だった。

「何かスポーツの手がかりになりそうだ」と期待を感じた。けれど、自分のスポーツ観を根底から覆す《革命的な学び》になるとは、当初は思わなかった。これも後になって自覚するのだが、いわゆる「いいとこ取り」の発想しか自分にはなかった。自分の考えや基本姿勢は変えず、いいものがあれば採り入れる、「つまみ食い」は言いすぎかもしれないが、実際のところ、使えるものを調子よく利用させてもらおうという姿勢だった。これはその後、私自身が宇城師の指導に同行し、自分以外のスポーツ選手や指導者たちが指導を受けている光景を見て実感したことだ。大半の受講者が、まずは上から目線で宇城師を認める。そして、自分に都合よく利用しようと試みる。ところが、そのような学び方では本当に変わることができないと気がつく。すぐ気づく人もいれば、時間がかかる人もいる。自尊心なのか、自分を変えることを拒んで離れて行く人も多い。そこがまた面白い。その変化の過程に、その人の素直さ、速さが如実に表われる。

私は、宇城師に出会って感動し、困惑し、激しく葛藤した。目まぐるしい感情の揺れ動きが毎回のようにあった。

お会いするたびに新しい気づきと発見の連続だったが、それは同時に、自分が何十年も信じ続けてきたスポーツの常識や価値観を否定されることでもあった。自分の誤りに気づき、胸を撫でおろし、すぐ受け容れることができた時もあれば、「それを認めたらこれまでの自分の生き方、自分の存在を否定される核心的な指摘」も多々あった。だから、うれしいばかりの平坦な道ではなかった。しかし、いくら抵抗しようにも、「真実はそちらにある」という動かしようのない確信は深まるばかりだった。

忘れられない出来事がある。

広島カープに嶋重宣という打者がいた。

２００４年、プロ入り7年目（打者転向6年目）に急成長し、《赤ゴジラ》の異名で一世を風靡《ふうび》した。背番号が巨人・松井秀喜と同じ55だった。その年は１８９安打、張本勲の記録を抜いて、《左打者シーズン最多安打》のプロ野球記録を更新した。打率・３３７で首位打者に輝き、本塁打も31本。手の付けられない大活躍だった。

嶋が絶好調の頃、テレビのプロ野球中継で嶋を見た宇城師が、

「この打者は、一度調子を崩したら苦しいな。いまの調子には戻れんやろな」

と言った。高校野球の監督も含め、一緒に数人が見ていた。その意味は誰にも理解できなかった。そもそも、その時点での嶋の活躍を見れば、いずれ彼が深刻なスランプに

陥ることさえ想像しにくかった。

どうしてわかるんですか？　訊くと、宇城師は答えた。

「この打者は、いまなぜ打てているか、自分でわかっておらんからや」

好調の理由、なぜ急に打撃開眼したのか、核心を理解できていない。無意識に、いい打ち方をしている。

「ケガでもして調子を落としたら、いまの打ち方はできんやろうな」

野球の経験はまったくないはずの宇城師にそのことが見えて、甲子園でもチームを活躍させ、高校球界で名将と呼ばれる監督にその未来が見えない。その監督だけではない。日頃から理論派を自称する指導者たちにも宇城師の指摘の意味は推察できなかった。

宇城師の予言は、はからずも的中した。

嶋は翌年、翌々年まではなんとか活躍したが、２００４年ほどの怖さは影をひそめた。そして、２０１３年に引退した時、赤ゴジラの伝説はすっかり過去の話になっていた。

あの時、予言の理由を宇城師は、次のように謎解きしてくれた。

「この打者はいま、両手でバットを握っている」

そう言って、両手のひらを胸の前で合わせた。

「これが正しい握りや。けど、両手でバットや刀を握ろうとすれば、どちらかの手を上に反対の手を下にする必要がある。だからつい、右手は右手、左手は左手で握る意識になってしまう。実際には、こうして両手を合わせた格好で握るのが基本なんや」

両手を合わせて握る、やむをえず、上下にずらす。宇城師はぴったり合わせた両手のひらをじんわりと上下に滑らせた。

「上下だけれど、実際には手のひらを合わせて握っている」

言われてみんな、テレビの中の嶋に注目した。

「この打者はそうやって、両手で握っているんや。どうして出来たのか知らんけど、そういうことがたまにある。けど、自分でわかっておらんから、一度崩れたら元には戻れない」

残念ながら、宇城師がひと目で見抜いた核心に、野球界の指導者も大半の打者も気づいていない。プロの打撃コーチでさえ、ほとんど把握できていないのではないだろうか。大半が、見た目のフォームを分析し、矯正することで打撃向上を図ろうとする。それが野球のレベル、スポーツのレベルだという現実を、その時私は思い知らされた。そして、宇城師が到達している武術の次元が、我々の知るスポーツの深さとは桁違いだという事実を思い知らされた。

基準がないから「依存症」が生まれる

スポーツの分野で長く仕事をし続けてきて、私などはいろいろな疑問や反発を投げかけてきたほうだが、宇城先生の鋭い視点に出会うと、所詮私はスポーツ界の常識に毒された古いスポーツ人間だと思い知らされる。心の深いところでスポーツを擁護し、既存のスポーツ価値観を正当化している自分がいることに気づかされる。

「いまのスポーツは、依存症を作っている」

と宇城師に指摘された時、まったく意味がわからなかった。

「試合に臨むのに、大袈裟にテープを巻き、ネックレスやブレスレットをつけるなんて、武術では考えられん」

その指摘には深く共感した。

「あれは弱気の表われだ、おまじないのようなもの。真剣勝負でそんな情報を相手に与えるなんて考えられない。自分が弱いから、何かに依存してごまかそうとしている」

けれど、次の指摘はすぐ理解できなかった。

「試合前にヘッドフォンをして音楽を聴くやろ。あれも依存症やな」

柔道、レスリング、ボクシング、陸上、水泳、フィギュアスケート……など、あらゆる種目でいま選手たちは試合前、試合中にでも可能であればヘッドフォンを両耳につけ、音楽を聴いて「リラックスと集中を図っている」「自分の世界に入ってパフォーマンスの準備をしている」とされる。私も競技選手だった頃、それをした経験がある。70年代の終わり、ちょうどウォークマンが発売され、瞬く間に人気が広がった時期。それが「依存症」だとは思わなかった。

しかし、宇城師に指摘されて振り返ってみれば、音楽を聴いても集中できない時は集中できなかったし、自然と集中できた時はもはや音楽は必要なかった、音楽はもう聴こえていなかった……。

最近では、音楽を聴く目的とは別に、「いまは話しかけるな」というサインとして使っている選手もいる。自分の中に閉じこもる。それも本来、試合に臨む姿勢として上質とは言えない。周りと調和し、相手とも調和してこそ最高のパフォーマンスが生まれる。ヘッドフォンには、多くの選手、指導者、関係者、ファンが思うほどの効用が実はないどころかマイナスなのかもしれない。

それを断言できないのは、現代のスポーツ界に「明快な基準がない」「真理を共有できていないからだ」と指摘されたら、その通りではないか。

大舞台の前、ヘッドフォンをして自分と向き合う選手の姿は「絵になる」。しかもその姿が何を意味するか、視聴者とも共有しやすい。そして、その時どのアーティストの曲を聴いていたのかは格好の話題となる。その曲がヒットにつながったりもする。つまり、メディア、企業、スポンサー、現在のスポーツビジネスを支える者たちにとって、ヘッドフォンは欠かせないアイテムになっているのだ。それが選手の成長につながるのか、本当は依存症を招く良からぬアイテムだという結論は恐らく出てこない。こうやって、スポーツが真理と違う方向で流されるカラクリを知った。

ましてスポーツは、たくましい心身を育むためにする、だから奨励されると信じてきた世代にとって、実は勝利至上主義、商業主義に蝕まれ、依存症を生み出す温床になっているなら忌々《ゆゆ》しきことだ。けれど、その事実を否定できないと私は深刻に感じた。

宇城師の指摘は鋭敏で、スポーツ人にとっては新鮮で、しかも時に辛辣《しんらつ》にさえ感じる。だが、いずれの指摘も真理に根差しているから脱帽せざるをえない。

「フィード・フォワード」にしか意味はない

「宇城師の指導にあって現状のスポーツ指導にない次元」という意味で、もうひとつ印象に刻まれている出来事がある。

サッカーの元日本代表・岡田武史監督が宇城師に指導を仰いだのは2006年1月からだ。私は毎回、補助役として同行し、共に学んでいた。山本昌邦さん(現日本代表ナショナルチームダイレクター)、福井烈《つよし》さん（元テニス日本王者、東京2020日本選手団長)らも一緒に学ぶことが多かった。

ほぼ2年間、毎月一回程度の割合で指導を受けて2年が経つ頃、オシム監督が病に倒れ、急遽、岡田監督にW杯南アフリカ大会に向けた代表監督就任要請があった。思いがけず指揮を執ることになり、選手選考や戦略に関して相当な苦悩に直面された岡田監督が、折に触れて宇城師の助言を仰ぐことがあった。さいたまスタジアムや横浜・日産スタジアムでの代表戦を岡田監督から依頼を受けて観戦したこともある。いよいよ代表メンバーを発表し、記者会見を終えた足で、岡田監督が駆け付けたのは、宇城師が待つ壮行会の小料理屋さんだった。我々はそこで熱い壮行会を開き、岡田監督を南アフリカに送りだした。

岡田采配や選手起用に対する批判・反発が渦巻き、岡田ジャパンへの逆風も吹き荒れていた。しかし、岡田監督の眼差しは揺るぎなく前を向いていた。宇城師がその夜も確信を与えた。そして、大方の不安を吹き飛ばし、岡田ジャパンは見事に一次リーグを突破し、決勝トーナメント進出を果たした。

ちょうど1年前（２００９年12月）、翌年のワールドカップに向けて抱負を語った時、岡田武史監督（当時）は次のような言葉を残している。

「根本的に日本人には武士道から始まった強さがあると考えている。だが、社会が便利、快適、安全なので、闘争本能のスイッチが切れてしまっている。再びスイッチが入ればわれわれは十分に戦える。個の技術を高め、われわれの特質である組織を生かすことができれば十分にチャンスはある」

宇城師の指導に触発された岡田ジャパンのスピリットを感じさせる。２０１０年の南ア大会、日本代表は岡田監督の指揮下、決勝トーナメント進出を果たした。

「岡田監督が期待したとおり、日本チームに武士道のスイッチが入り、日本人の特質である《組織力》が生きたということだろう」

と宇城師は語っている。

話を戻そう。その岡田監督の指導の中で、印象的な会話があった。

スランプに陥った時や調子を崩した時、スポーツ選手の大半が必ずやることのひとつは、「好調時のビデオを見る」ことだ。

いい時のフォーム、いい時のタイミングの取り方、いい時の雰囲気……。好調時のビデオを見直すことで、打開の手がかりをつかもうとするのは定番ともいえる手段だ。そ

宇城師の指導を受ける岡田武史、山本昌邦　左奥にいるのが筆者

宇城師に学ぶスポーツ指導者の忘年会にて（2008 年）（敬称略）
後列左から　有馬信夫、筆者小林信也、福井烈、白石宏
前列左から　三遊亭歌之介（現圓歌）、宇城憲治、岡田武史、山本昌邦

れを咎める指導者は恐らく皆無に近いだろう。

ところが、宇城師は「意味がない」と一刀両断する。

ある時、宇城師との会話の流れで岡田監督が声を上げた。

「それは我々もよくやります。抜群のゴールを決めた時の感覚を追い求める、その感覚を頼りに再現しようとする」

当然、「よいこと」として岡田監督は熱く語った。すると、宇城師は苦笑いを浮かべて言った。

「それがアカンのよ」

えっ？　と、岡田監督が意外な顔をした。私も意表を衝かれた。スポーツ界ではそれは当然のセオリー。推奨されるイメージ・トレーニングの一種だからだ。戸惑う岡田監督に宇城師は明快に言った。

「過去に頭が行っている時点でアウトやろ。後ろを見ているわけやから。スポーツは未来への対応の繰り返しや。常に前を見て、目の前で起こる新しい出来事に対応するのが勝負やのに、後ろなんか見ていて、間に合うわけがない」

そして続けた。

「世間ではフィードバックが大事と言うやろ。あれも本当じゃない。スポーツでも仕事でも、フィード・フォワードでなければ目の前の変化に対応して結果を残すことはできん」

宇城憲治師語録

未来は「今」の中にある

多くの人が現状打破を願い
未来を変えたいと願います。

しかし未来は、「今」が変わらないと
変わることはありません。

未来はまさに「今」という瞬間にあるのです。

そのことに気づくことができれば、
今に集中でき、迷いがなくなり、
未来に光がさすのです。

第二章

内面を変える

目に見えない力こそ魅力的な潜在力だ

欧米スポーツ科学への憧れと疑問

私がスポーツを書く道を歩み始めた背景には、高校時代、野球部の生活で抱いた数々の疑問があった。非合理的で封建的な練習に葛藤する日々だった。反発を感じながら、打開もできなかった。ひらめきを尊重してもらえない支配的な空気が何より苦手だった。しかも、指示された練習を重ねても、投手として球は速くならないし、打者として打てる手がかりもつかめなかった。

大学時代、雑誌《ポパイ》で仕事をし始めた。最初の取材相手が、東欧のスポーツ医科学事情を視察してきた大手新聞社の記者だった。

「自分の血液を事前に採取しておき、試合前に輸血する血液ドーピング」

「筋繊維を採取して筋肉の質を調べ、種目の適性を見極める筋肉バイオプシー」

といった情報に驚かされた。日本は遅れていると焦ったし、海外の先進的な取り組みに驚嘆した。それから欧米の最新トレーニング事情に関心を持った。

「投手は登板後にすぐ肩肘を氷で冷やしたほうがいい」

一般雑誌で最初に書いたのはたぶん私だ。日米大学野球で来日したハワイ大のデレク・タツノ投手が登板後、バケツいっぱいに入れた氷に肘を突っ込む姿に仰天した。

「投げると毛細血管が切れる。これを冷やしたほうが、回復が早くなる」

彼は言った。投手は肩肘を冷やしてはいけないと教えられ、真夏でも肩当てをしていた自分がばかばかしく思えた。アメリカでブームになったストレッチングやジョギング、エアロビック・エクササイズなどの普及に一役買った時期もある。「欧米の選手はパワーが違う、要因はウエイトトレーニングだ」とも書いた。当時日本で筋トレは白眼視されていた。そんな古くさい考えを批判し、筋トレ普及を唱えた。

「ＮＡＳＡ（アメリカ航空宇宙局）が開発し、巨人も採用したアポロ・エクササイザーはアイソキネティックス理論に基づく最新トレーニング器具」と聞けば真っ先に購入した。油圧方式で負荷をかける「エリエール」というマシンが全米で人気と聞けば、来日した開発者エリエール博士に直接インタビューした。だが、欧米のトレーニングやスポーツ理論を学ぶうち、漠然とした違和感が広がった。推進者たちは「筋トレは怪我の予防につながる」と口を揃えて言うが、熱心に筋トレを取り入れた選手やチームで大きなケガが起きる例が少なくなかった。大相撲でも長く筋トレは御法度だったが、一部の力士が筋トレで怪我を克服し強くなった実績から黙認されるようになった。しかし、若貴のお兄ちゃんしかり、弟しかり、かつてあまりなかった「力士生命を脅かすほどの大怪我」を負う力士が後を絶たなくなった。それが筋トレを積極的に採り入れた時期と重なっているように感じた。

私は次第に、欧米のスポーツ医科学を盲信していた自分を疑うようになり、「違和感のない答え」を探し始めた。欧米のトレーニング理論は、連立方程式に例えたら、二つ目の式までは合うが、三つ目の式で答えが合わない、そんな感じがした。あらゆる観点から検証しても正しい、間違いないと確信できる答え（トレーニングの指針）を見つけたい、そう決意したのが四十歳を過ぎた頃、そして出合ったのが《武術》だった。

宇城憲治師範との出会い

武術の取材を始めた当初は、「なるほど、伝統的な身体文化には核心的な答えがありそうだ」と感じたが、首を傾げる場面も多かった。武術を語るすべての人が真の理解者、継承者とも思えなかった。そんな取材の道程で出会ったのが宇城憲治師範だった。宇城師は座波仁吉師範の教えに従い、五十歳まで他者の前で型や演武は一切披露しなかった。五十歳の年、初めて宇城師の演武が一般に公開される機会があり、武術界に衝撃を与えた。その時はたしか「空手家」の肩書だったが、その演武・講演の内容は空手の枠にとどまらず、武術の究極に通じる術技だと多くの人が目を見張った。当時の武道界では、「型は実戦に使えない」という定説がまかり通っていた。宇城師はその通説を一蹴し、「型こそすべての基本だ」と、六百年にわたって継承された武術空手の型の真髄を体現し、深淵な潜在力を証明して見せた。以後、宇城師は積極的に独自の発信と指導を続けている。

幸運にも私は、伝説的に語られるその演武会に参加する機会に恵まれた。次々に展開される型、基本組手などに圧倒された。術技の意味するところをその場で理解できたわけではない。だが、宇城師が継承し体現する武術に「日本スポーツ界が学ぶべき重要な核心がある」ことだけは、直感的に理解できた。

けれど、宇城師は私を歓迎してくれなかった。しばらくは冷たく遠ざけられた。安易に近づこうとする私は、忌避《きひ》すべき軽薄なマスメディアの代表的存在そのものだったに違いない。

「内面を変える、腕が伸び縮みする」

宇城師に直接学ぶ機会を得たのは２０００年。宇城師が五十歳を過ぎ、私は四十代半ばにさしかかる頃だ。

毎月一度、大阪・江坂でビジョン・トレーナーの田村知則さんが主宰する《宇城塾》に東京から参加した。主に高校野球の指導者が10名程度集まり、彼らに誘われて時にはプロ野球のコーチや空手、陸上など他競技の現役選手も参加していた。

毎回、宇城師は野球やスポーツの概念にない身体の不思議を体現し、指導してくれた。その実演と発想の一つひとつが、スポーツで育った人間には驚きと戸惑いの連続だった。宇城師にすれば、人間の身体の基本中の基本も知らずにスポーツに半ば人生をかけ、オリンピックだ、プロだと熱狂している現代社会こそ「不思議」に見えていたのではないだろうか。

ある時、宇城師が「腕は伸び縮みします」と言った。

宇城師より遥かに背の高い参加者と向かい合い、両肩を平行に保ったまま、お互いに右腕を伸ばした。背の高い参加者の拳が宇城師の胸や顎に届く距離で立つと、彼より腕の短い宇城師の拳は、拳ひとつ以上の間ができてまったく届かない。ところが、

「内面を変えます」

そう言って宇城師が一度腕を引き、ゆっくり伸ばすと、不思議なことに相手の伸ばした腕の長さを遥かに超えて、届かなかった相手の胸や顎に到達する。

その瞬間、何が起きているのか、理解できなかった。明らかに短い宇城師の腕が伸びて、拳が相手の顎を捉えている。しかも、軽く触れただけというのに、傍から見ていてもその拳には相当な威力が秘められている。少しでもクイッと拳を顎に当てれば、脳に衝撃が走る予感が目に見えた。つまり、腕が伸びただけでなく、その拳にはエネルギーが籠っているのだ。

「腕は伸び縮みします」

宇城師は平然と言った。内面を変えると身体が変わる、それこそが武術の前提だと我々に見本を示してくれたのだ。が、スポーツの常識に毒された我々には、その現実をすぐに受け入れ、理解するには時間が必要だった。いやしかし、理解できようができまいが、目の前で演じられる出来事は事実そのものだった。頭で考えても答えは出ない。

「遅い動きのほうが速い」不思議

私が宇城師に学び始めた頃、大阪の勉強会（宇城塾）に、ある空手選手が来ていた。宇城師は彼を相手に間や呼吸、型の重要さを参加者に説いた。彼、今井謙一（浪速高校教員、同校空手部監督）がかなり真剣に正拳を打ち込んでも、宇城師に指一本で制され、翻弄される姿に、その場で見ている者はクスクスと笑った。まったく大人と子どもといった感じで相手にならない。今井が素早い突きを宇城師の胸元に繰り出す。次の瞬間、ゆっくりと宇城師が指を一本、今井の額に突き立てる。と、素早いはずの突きより、ゆったりした宇城師の人差指が今井の動きを制してしまう。その不思議さに戸惑った。同じ時間空間で、遅い動きが速い動きを制する現実など、受け容れようがなかった。しかし、何度やっても結果は同じだった。

さらに驚いたのは、数か月後、その今井が金メダルを持ってお礼に来たことだ。２００２年の釜山アジア大会、空手道男子組手60キロ級優勝。新聞でももちろん、今井の優勝は写真入りで報道された。競技の世界が最高だと思い込んでいる私たちにとって、競技を超える達人の境地が実際に目の前に存在することをまざまざと感じさせられる出来事だった。

当然、私の中に強烈な混乱が渦巻いた。

金メダリストって何だ？　競技の世界は、真のナンバーワンを決める勝負ではなかったのか？　実際、金メダリストを子ども扱いする五十代の宇城師がいる。ちなみに、今井謙一は現在も浪速高校空手部の監督を務め、インターハイやアジア大会で優勝する選手たちを多数輩出している。東京２０２０では、男子組手のコーチとして日本代表の強化に携わった。日本選手では荒賀龍太郎が、男子組手75キロ超級で銅メダルを獲得した。

身体の重さが瞬時に変わる

「内面を変える」について、我々にも実感できるもうひとつの方法を宇城師は示してくれた。

同じ体格の二人が組になり、一人が後ろに回って相手を背後から両手で持ち上げる。体格が同じなら、まず楽々と持ち上げられる。ところが、「重さを変えますよ」と言って、持ち上げられるほうにサンチンの型の姿勢を取らせると、たったそれだけで身体が極端に重くなり、持ち上げようにも、足に根が生えた感じでビクともしない。サンチンの姿勢を取ったほうは、特に踏ん張ったわけでもなく、重心を落とした意識もない。なのに、足裏が地球の重力とつながり、持ち上げようとする人の力をモノともしないエネルギーを実感する。

「体重は変わっていませんよ」

宇城師が言う。体重計に乗れば、同じ数字のはずだが、明らかに重さが変わる。この感覚こそ、武術にあって、スポーツにはない発想・観点のひとつではないか。

スポーツ界では科学的データが重視され、数字や理論で裏付けるのが最先端のように信じられている。しかしその場合の科学は大抵、画一的な数字に支配され、身体の神秘などは考慮しない、まるで人を機械のように規定した、いわば非人間的、非科学的なアプローチという指摘はあまりされない。

なぜ身体が重くなるのか？

現代スポーツの概念では説明する要素がない。だがもちろん、相撲や柔道などの達人と呼ばれた人は経験的にこうした身体の活かし方を知っていただろう。それが継承されにくくなっているのが現代社会だ。

相撲界では昔も今も「四股・鉄砲」が稽古の基本とされる。だが、四股の意味が正しく理解され、継承されているのかは疑問だ。とくに一般の相撲ファンに対して、「四股はハラをつくるための稽古だ」と言うより、「四股で足腰を強くする」と説明したほうが納得してもらいやすいだろう。

素人が理解しやすいことが重要ではないはずだ。けれど、商業主義が当たり前になった現代では、視聴率を確保するためにも、ファンを得るためにも、みんなが合点のいく理屈を共有するほうが選ばれる。

真実を共有することより、みんながわかった気になる詭弁《きべん》を共有したほうが、丸く収まる、商売がうまく進む、そんな世相が日本社会から中身を奪い、劣化させてきた。そんな風に感じる。

人間の取り扱い説明書

こうした驚くべき技を宇城師から学ぶたびに、武術空手の体系はまるで《人間の身体の取り扱い説明書》のようだという感激を繰り返し味わった。

「野球のバットは、こう握ると、指とバットがくっついて内面の力がバットにダイレクトに伝わります」などという説明は、学校の教科書にも、野球教本にも書かれていない。まして、人間の取り扱い説明書には出合ったこともない。だが、宇城師から学ぶ一つひとつはことごとく、人間の知られざる能力を開発し、活用するための重要な手がかりそのものだった。

「胸のライトを照らすと重心が落ちて、身体が重くなります」だなんて、学校の先生も親も教えてくれなかった。だけど、やってみると紛れもない真実だし、それは何か特別な道具を使うのでなく、自分の身体の使い方を変えるだけで自然にあふれてくる潜在力なのだ。

(自分の潜在力を存分に活用したい、眠っている才能を開花させたい！)

私は未来に希望を感じて、もっと知りたい、もっとできるようになりたいと願ったし、目の前が明るくなった。このような潜在力をスポーツだけでなく、日常生活のあらゆる場面で活かせたら、どんなにか楽しいだろう。

人の肌はくっつく

「調和すると、手のひらがバットにくっついて離れない」

いきなりそんな話をすると、非科学的な空論だと警戒されそうだが、実践すればほぼ誰もができる身体の神秘のひとつだ。自分たちの身体の中に眠っている、あるいは忘れられている当たり前の潜在力でしかない。この特性を存分に活かさないのはもったいない。

「人の手は、内面を変えると磁石のようにくっつくんです」

宇城師に言われた時、私は信じられなかった。宇城師にはできるかもしれないが、自分には無理、と思った。けれど、宇城師は私にもできることを体験させてくれた。

両手でバットを握り、刀を構えるように真っすぐ前に出す。対面するパートナーが、私の差し出したバットの先端をつかみ、両手で回そうと試みる。私は両手でしっかり握るが、ヘッドの直径のほうが大きいせいか、簡単に回されてしまった。

次に、左手の小指の付け根にバットを乗せ、他の指は包み込むように添える。バットを握るのではなく、他の指は添えるだけ。すると、相手がバットを回そうとした瞬間、キュッと反応するだけでバットが小指に吸い付いた。吸い付いて、相手の回転力をいとも簡単に制御して、そのままキープすることができた。ほぼ小指一本だ。

この感覚を初めて体験した時、たまらず歓声を上げてしまった。

「おーッ！」と声を上げずにはいられなかった。

なぜ？　どうしてバットが指にくっつくの！　紛れもなく、指とバットがくっついた感覚があった。そして、相手が懸命に回そうとすればするほど、吸着力は強くなる。腕に力を入れる必要もなく、勝手に身体の中から力がみなぎってくる。

「それが握りです」

宇城師に言われて、思わず何度もうなずいた。その握りで軽くバットを出してみると、いくらバットを掴んで止めようとされても問題ない。むしろ掴んだ相手をそのまま動かすことさえできた。五本指、十本指で握り込む従来のグリップでは、身体とバットがグリップで分断され、ひとつになっていなかったことがよくわかった。

小指が吸い付く握りに変えた途端、身体とバットが一体となり、地球からもらうパワーがそのままバットのヘッドにまで伝播する。

（これなら軽く打っても気持ちよく飛ぶだろうなあ）

早く打ってみたい、と胸が躍った。

いま多くのプロ野球選手が、打席に入る前、粘着スプレーをグリップに噴霧して、両手の滑りを止めている。その光景を見るたびにガッカリする。プロなのに、身体の能力や技術を披露するのでなく、ケミカルな薬剤に頼っている。そのレベルの低さに恐らく気がついてさえいない。「滑らないほうがいい」「スプレーをつけるとよく効く」といった感覚なのだろう。

そのような握りでは、身体の内面の変化は起こらない。必然的に「力と力の勝負」でしか戦いに臨めない。なぜそのような低レベルの攻防を、お金を払って見なければいけないのか。技術に奥があり、人間には様々な潜在力があることを知ってしまうと、そのようなプロの世界が空しく感じられてならない。

「赤信号、みんなで渡れば怖くない」ではないが、「粘着スプレー、みんなで使えば当たり前」みたいな風潮に疑問を呈する声さえないのが現状だ。それくらい、野球を見る眼は曇っている。日本中が力勝負に洗脳され、奥の深さを見失ったため、恥ずかしい次元が恥ずかしいとも認識されず、幅を利かせている。スポーツ界が、その現状に気づき、目を覚ますことが出来たら、スポーツの未来は大きく変わる。

普段の生活とスポーツがつながる

これまで、「スポーツの基本とは何か」という問いかけに対するいくつかの答えを伝えてきた。これらは、スポーツの現場だけでなく、日常も含めたすべての行動の大前提だという事実に気づいてもらえただろうか。スポーツの基本は、実は「日常生活の基本」と言い換えてもいい。つまり、普段の行動から基本を重ねることが、成長への階段そのものなのだ。

そのことをスポーツ人、すべての選手、指導者、応援する人たちもしっかりと共有できたら変革が起こるだろう。もっと言えば、スポーツの現場だけでなく、生活しているすべての時間が稽古に通じる。

宇城師が小中学生や高校生のスポーツ選手にしばしば指導する「生活習慣の中で重さを体験できる方法」をもうひとつ紹介しよう。

食事中、姿勢や作法は大事だと私たち昭和生まれは教えられて育ったが、最近はどうだろうか。宇城師は、「日本人のＤＮＡはいまの子どもたちにも伝わっている。これを活かして、日常から変わる心構えでやればいい」と勧める。

食事の作法でもそれが学べると教えてもらった。これも、理屈抜きに希望を感じる学びだった。

まず姿勢を崩してご飯を食べる。箸もあえていい加減な持ち方をすると違いがよくわかる。この時、後ろから誰かに背中を軽く前に押してもらうと、簡単に背中が前につぶれてしまう。

ところが、背筋を伸ばし、胸のライトを照らし、きちんとした姿勢でご飯茶碗を左手に持ち、箸も正しく持ってご飯を食べると、背中をどう押されても、肩を横から押されてもビクともしない。

「箸は正しく握りなさい」「両手を使って食べなさい」と、作法を強制されると反発したい気持ちも起こらないではないが、この違いを実感すると、自然に普段からこれを励行する気持ちになる。子どもたちも同様だ。やれと言われてやるのでなく、自分でそうしよう、そうしたいと思い、行動が変化する。

私は、自分の中に日本人の身体文化のＤＮＡがあり、そのスイッチが練習場でなく日常生活にあることを実感して、すごく誇らしく、うれしく感じた。

文武両道の本当の意味が、おぼろげながらわかりかけた気もした。

この作法は勉強にも通じる。正しい持ち方でペンや鉛筆を持ち、きちんと左手を添えて書くと、後ろから押されてもビクともしない。ところが、わしづかみのような無作法な握り方で書いていると、押されたら簡単につぶれてしまう。崩れた姿勢で勉強しても効果は上がりにくい。態勢が崩れる・崩れないだけでなく、頭がクリアに回転するのはどちらか、すぐにわかるはずだ。

人には「目に見えない力」が宿っている

現代日本の深刻な課題をひとつ言えば、「目に見えるもの」に心を奪われ過ぎる傾向ではないだろうか。

元々日本人は、「阿吽《あうん》の呼吸」だとか、「行間を読む」など、数字や言葉で表わせない本質を理屈抜きに共有できる社会を形成していた。それなのに、いつからか日本社会は

（あるいは日本人の多くが）、目に見える力に気を取られるようになった。数字や視覚で認識できる事象を重視し、目に見えないものや客観的に数字で表わせない事象は「非科学的」だとか、「確かでない」と軽視する傾向が広がった。

人間の身体には気が流れ、呼吸が生命の根源にある。ところが、気も呼吸も目に見えにくい。だから軽視されがちだ。

呼吸にしても、吸ったり吐いたりの動作があるから認識されているが、それだけに「何秒吸って、何秒吐く」といった理論がもっともらしく紹介され、それを解説した本がベストセラーになったりもする。

宇城師は言う。

「空手において、呼吸は見せないのが基本です」

呼吸を相手に悟られたら、それは隙となり、そこを手がかりに致命的な攻撃を受ける。そのため、隠し呼吸と言って、呼吸は見せないのが基本中の基本なのだ。

座波師匠から宇城師が継承した沖縄古伝空手の基本型のひとつに、すでに伝えたサンチンがある。このサンチンの型だけは、はっきりと息を吐く動作がある。それは修行者自身が呼吸を学ぶためのプロセスだという。しかもそのサンチンでも、「吐く」はあっても「吸う」はない。なぜなら、吐ききった次の瞬間、口をパッと開けていれば、人は自然と息を吸うからだと言う。

ただ口を少し開けることで、自然に呼吸をする習慣を身につけることが基本なのだ。格闘技の選手なら理解できるだろう。

柔道でもレスリングでもボクシングでも、相手があからさまに呼吸をしたら、それで動きは予測できる。「打とう」「投げよう」とする予兆を感じ、防御もできるし、カウンター攻撃も可能だ。そのことに長けている選手は、経験的にそのような技術を身につけていることだろう。

アメリカが畏《おそ》れた日本人の神秘的な力

何度も宇城師の常識を凌駕《りょうが》する実践を体験し、国内外で活躍するスポーツ選手たちもが変化・成長する事実を繰り返し目のあたりにした私は、なぜこれをスポーツ界で共有できないのか、スポーツ界にとどまらず教育界、家庭の教育でも共有できないのか、むしろ不思議に感じるようになった。なぜなら、こうした事実は明治時代か、戦前か、ある時期までは当たり前のように日本社会は共有していた。それが、欧米化の流れの中で失われたらしいからだ。

誰かが間違った常識を信じるように仕向けたのだろうか。意図的に、日本人のこうした神秘性を削ぐために生活習慣や思考を欧米化させ、この優位な身体文化を意図的に破壊したとする説もある。

私たちがいまのうちに「日本の身体文化の伝統」をきちんと見つめ直し、誇りを持って自分たちで受け継ぐ。それが日本のスポーツ選手、スポーツ愛好者たちの本来の務めであり、スポーツを楽しみ、究める目的ではないかと感じるようになった。

「欧米のスポーツ科学のほうが進んでいる、段違いに優秀だ」というような憧れと劣等感が私の中には確かにあった。なぜだろう。日本全体の空気もそれが大勢ではないかと思う。しかし、そのような思い込みはむしろ根拠のない空論だ。アメリカの政治家や研究者たちが畏れた、日本人の神秘性、日本の生活文化と伝統が生み出す彼らには得体の知れない人間力こそ、本当は日本人が大切に継承し、日本の土台として発展させるべき重要な核心だったと私は気づかされた。

第三章

心が人を動かす

行動の根源にある深層無意識の領域

人を動かすエンジンはどこにあるのか？

「筋力がパワーの源だ」と信じる人は、力は筋肉から発生する、と考えているのだろうか？

自動車を例に取ってみよう。車のパワーはどこから出るのか？　きっと多くの人が「エンジン」と答えるだろう。見た目の現象としては「タイヤが速く回るからスピードが出る」のだが、タイヤ自体にエネルギーがあって、タイヤが力を出しているとは誰も考えないはずだ。

では人間はどうか。筋肉が力を出しているのか？

自動車と照らし合わせると、人間にもエンジンがあって、そこで発動した力が筋肉を伝って発揮されると考えるほうが自然ではないか。だが人間の場合、エンジンの存在が忘れられ、筋肉そのものが力の源泉だと勘違いされているように思う。おそらく、エンジンに相当する存在がわかりにくいからではないだろうか。

では、人間にとってエンジンに相当する器官はどこなのだろう？

心臓か、ハラか、足腰か、最近よく聞くようになった《体幹》だろうか。

この本を読み進めてきた読者なら、きっと想像がついているだろう。車のエンジンのような、特定の器官があるわけではない。あえて言うなら《ハラ》かもしれないが、力が出る前提になるのは、「心技体の一致」「身体をひとつにする」そして「重力とつながる」ことだろう。それによって、筋力を遥かに超える、質的に次元の違う力が発動する。身体全体がエンジンといってもいいのかもしれない。

それならば、そのエンジンにスイッチを入れ、火を点けるものは何だろう？

エネルギーは「心のあり方」で満たされる

宇城師は著書『ゼロと無限』（どう出版）の中でこう記している。

《自動車の例で考えるとガソリンメーターが「空」のところにある時は、誰も遠乗りしようとはしません。ガス欠で止まるからです。そんな時はガソリンスタンドで給油すれば、また安心して遠くに行くことができます。

人間の場合はメーターがないので、「空か満か」数値で計り知ることはできませんが、行動しないという時は、ガソリンが空になっているということです。すなわち心の根源とも言える深層意識、無意識のところ、仏教で言う阿頼耶識《あらやしき》のところでエネルギーが無いということです。そこに内なるエネルギーがあれば、ガソリンが満タンの自動車と同じく、生き生きとした行動ができるのです。

自動車はガソリンの給油で満たされますが、人間のエネルギーはどのようにして満たされるのでしょうか。それは「心のあり方」によってです。なぜなら心が身体に優先し、心が身体を動かしているからです。

「意識」でも身体は動きます。しかし、意識には二つあり、一つは一般的な意識とも言える頭で考える意識です。もう一つは今述べた、心が起点となる意識です。それはすなわち深層意識であり、深層意識とは無意識のことです。この深層意識の心こそが、真の人間としてのエネルギーを生み出す根源となるのです。まさにその心こそが祈りであり、感謝です。すなわち謙虚であり、調和の心です。

次の二つの訓は、江戸時代の武術の教えです。

「身体は、内なる気に応じて動き　気は、心の向かうところに応ずる」

「心の発動が　そのまま技となり　形となる」

まさに身体に優先する心の事を言っています。

また、この教えには「気」という言葉が使われていますが、まさにこの「気」というエネルギーを生む根源が心でもあるということです。》

頭の命令で動くのは「遅いし、弱い」

多くの人は、「頭の命令で人間は行動する」と考えているだろう。つまり、エンジンに火を点けるのは頭脳だと。しかし、本当にそうだろうか？

第一章で、突きの話を例に挙げた。事の起こりを押さえられたら、突こうと思っても動かない、という話だ。これを宇城師が別の観点から説明してくれた。

「頭の命令は遅い、間に合わないということです」

拳を前に出そうとする時、人はたいてい『頭の命令』で拳を動かそうとする。現代人の誰もが、「動作は頭の命令で起こるもの」と、恐らく理解している。

脳が介在しなければ人は一切の行動ができない、と断言する人もいる。それほど現代では、『筋肉信仰』と同じく『頭脳崇拝』が広がっている。しかし、

「人間の身体動作には、脳の命令より速い回路がある」

と宇城師は言う。それどころか、こうも指摘する。

「脳の命令で動いたのでは、本質的な力は出ません。遅すぎて、実際には役に立ちません」

どういうことか？　改めて、宇城師の解説をふまえ、突きとそれを押さえる動作のメカニズムを推察すると次の仮説になる。

事の起こりを押さえるというのは、相手が脳の命令で『動かそう』と考えている間に、その動きを察知し、相手が動作を起こす前に封じてしまう。

相手が脳の命令で動き出す前に始動を押さえてしまえば、簡単にその動きを制することができる。

ではなぜ、相手の動きを察知できるのか。そして、より速く行動を起こすことができるのだろう？　それは、

「脳の命令ではなく、身体に任せているからです。いわば《身体脳》と呼ぶべき回路で動いている。脳の命令より、身体脳のほうが遥かに速く確かなのです」

「自転車に乗る」という次元

《身体脳》とはどんな回路か？　身近な例で教えてもらった。

「自転車に乗れない人は、どうやって乗れるようになりますか」

宇城師は私たちに問いかけた。そして続けた。

「教本を読みますか？　誰かに説明を受けて、乗れるようになりますか？」

もちろん、私たちはみな首を振った。教科書を読んで乗れるようになった人はそこに

はいなかった。

「こけるやろ。こけるうちに覚えるやろ」

宇城師は言った。みな、うなずいた。誰もが、何度も転び、足を着くなど、うまく乗れない経験を重ねて、何メートルかよろよろと乗れるようになる。そうするうちに自然と乗れるようになった。

「頭でいくら知識を学んでも、自転車に乗れるようにはならん。こける経験を身体で積んで、身体で覚えて乗れるようになる」

まったくその通りだ。その話にはもっと重要なオチがあった。宇城師が言った。

「そうやって身体で覚えたものは、二度と忘れない。できなくなった、というような後戻りをしないんや。一度乗れるようになったら、普通は『乗れなくなる』ということがない。しばらく乗っていない人が『明日はちゃんと乗れるかな』と心配もせんやろ」

言われてみるとそのとおりだ。

「それを《非可逆的なステップアップ》という。後戻りをしない上達のステップ。武術の技術の習得はそれや。ところがスポーツは違う。『昨日は打てたけど、今日は打てるかな』と心配する。確信がない。それは、自転車に乗れるレベルで技術を身につけていないからや」

打てる時もあれば、打てない時もある。だから、必ず打てる、という次元を追求しようとしない習性がスポーツ選手には身についている？

この話は第五章でさらに詳しく書く。ここでは、《身体脳》の基本的メカニズムをもう少し解説しよう。

危険を察知して回避するメカニズム

身体脳について、宇城師がアメリカのある科学者の研究を基に次のように解説してくれた。

運転中、脇道からボールが転がってきた。続いて子どもがボールを追って飛び出してきた。この時の運転者の反応のプロセスはどうだろう？　ボールを見た瞬間、次に起こる出来事（子どもが飛び出してくる）を想像して、ブレーキを踏んだ。おかげで、急停車して、事故を回避できた。この時、脳と行動のメカニズムはどうなっているだろう。

アメリカの科学者の研究によれば、「ボールを見てブレーキを踏むまでに0・2秒」。「あ、危なかった、と自分で認識するのは0・5秒後」だという。つまり、身体は脳が危険を認識するより速く反応している。

（ああよかった、事故を回避できた）

と安堵し、胸をなでおろすのは0・5秒後だ。言い換えれば、「0・2秒までは《深層無意識》の領域」「0・5秒までは《無意識》の領域」「0・5秒以降が《意識》の領域」だ。

脳より身体のほうが速い。脳の命令に頼っていたら、0・5秒までまったく反応できないことになる。

身近な例で言えば、熱いお風呂に手を入れてしまった時の経験が近いだろう。

熱い湯に手を入れて、「アチッ！」と思わず手を引っ込める。引っこめたのは、脳が「火傷するから手を引け」と命令したのではない。それ以前に身体が反応している。そして、手を引いた後に、「ああ、熱かった」とため息をつく、そんな経験がきっとあるだろう。

誰もが持つ「深層無意識」の領域

右の事例を見ても、危険を回避するのに「脳の命令では間に合わない」ことが理解できるだろう。そして、人は実際には「脳の命令より先に行動している」ことも証明されている。

「よく考えろ！」としばしば選手に対して怒鳴る（助言する）スポーツの指導者は、この人間科学を理解していないに違いない。

選手がよく考えて行動したら、対処が必要な事象が起きてから必ず０・５秒は時間がかかってしまう。瞬時の判断・行動が勝敗を分けるスポーツの分野で、そのような悠長な助言が意味を成すだろうか？

実際には「考えるな！」「身体に任せろ」が正解であり、いかに身体脳を開発し発達させるかが本質的なトレーニングの目的であることが浮かび上がってくる。

宇城師はさらに、次のことに注目する。

０秒から０・２秒の間の深層無意識の間に、一人ひとりがどんな決断をし、どんな行動をするかという点だ。

たとえば、歩いている時、子どもが不意に道路に飛び出した。向こうから自動車が走ってくる。この瞬間、子どもを助けに動くのか、自分の身の安全を優先して何もしないのか。あるいは、ライバルの失敗が予測出来た時、それでも助けるのか、むしろ危険を助長するような行動を取るのか。

それはまさに《人間性》や《人格》そのものと言っていいだろう。

スポーツの練習を日々どんな目的で積み重ねるか。勝つため、自分だけが勝利すればいいと考えて、そのために努力を重ねている人と、私利私欲でなく、自己と向き合い、純粋に潜在力を磨く目的で精進するか。その違いは、0・2秒の短い瞬間に凝縮される。

あなたは、どちらの生き方を望むだろう。どういう人間でありたいだろう。そのために、日々のトレーニングをどんな目的、どんな心持で積み重ねたいだろう。そのことは、スポーツに取り組む前提として、とても重要だ。そしてもちろん、スポーツの分野にとどまらず、一人の人間としての生き方に通じる。

深層無意識には、その人の人格が反映される。

柔道の受け身は「有名無実」

ある時、宇城師が複数の競技の日本代表監督、コーチに指導を求められる機会があった。サッカー、テニス、柔道……。

その指導の席で、柔道の受け身に話が及んだ。宇城師が、

「柔道の受け身は、実際には理にかなっていない」

と話した。同席していた私にとっても、ショッキングな指摘だった。なにしろ、柔術から柔道を考案した嘉納治五郎は、現在でも柔道の始祖として、神格的に敬われている。ところが、その嘉納が教えた柔道の基本中の基本とも言える受け身が理にかなっていない……？

私以上に抵抗感を露わにする柔道の元世界チャンピオンに、宇城師が訊いた。

「試合で畳に上がる時、どんな所作で上がっていましたか」

すると、彼は現役時代のルーティーンをそのまま実演してくれた。

畳に上がると、相撲取りの蹲踞《そんきょ》の姿勢から二度、力強く両足ジャンプをして畳を踏みしめる。そしてすぐ、二度ほど両手のひらで自分の頬をパシッパシッとピンタして気合を入れる。

いかにも気合が入りそうな迫力だった。

ところが、宇城師は首を傾げて聞いた。

「それ、どんな意味があるの？」

「気合が入ります」

「本当に気合が入るか、確かめてみればわかる」

そう言って、もう一度両脚を踏ん張ってジャンプするよう促した。そして、両足で畳を踏みしめた時、後ろから指で背中を軽く突いた。すると彼は、えっという表情で前につんのめった。

「身体が浮いているやないか」

言われた世界王者は、すぐその意味が理解できなかったようだ。

（それでもこうして世界を獲ったんだ）

と言いたげな表情が見て取れた。

次に受け身の検証に移った。

前転のような所作で斜め前向きに転がり、片足を上にして受け身を取る。誰もが中学の授業でやった経験があるだろう典型的な受け身だ。その時、宇城師が、「ええか、乗るよ」と言って、下になっている世界チャンピオンの太ももの上にかかとで乗った。

「いててて っ！」

悲鳴にも似た叫び声が部屋中に響いた。

「受け身を取っているのに何で痛いんや？」

半ば惚《とぼ》けて宇城師が言った。

まだこの時点では、何を意味しているのか、誰もよく理解できなかった。

「柔道の受け身は《死に体》を作っているんや。だから意味がない。身体の呼吸が止まってしまって、身体が死んでいる状態や」

少しだけ、意味が理解できた。続いて宇城師が言った。

「これを宇城空手（武術）の受け身に変えるよ」

そう言って、倒れている世界王者の上のほうの脚の上足底を畳に当てるよう促した。

「足を活かす、すると、どうや？」

さっきと同じように、かかとを強く踏みしめて太ものの上に乗る。すると、世界王者はきつねにつままれた表情で、

「全然痛くありません。大丈夫です」

と、乗られながら、息を詰まらせることもなく答えた。

「どっちがええか？　上足底を元に戻してみ」

言われて上足底を元に戻した途端、彼はまた「ぎえーーっ」と叫び声を上げた。宇城空手の型の姿勢を取った時は、身体の呼吸が通り、身体が生きているから乗られても影響がない。ところが、柔道で正しい受け身とされている姿勢では、呼吸が詰まり、乗られたら一瞬たりとも耐えられない猛烈な痛みに襲われる。これは、そこにいた全員が体験し、誰もが等しく違いを実感した。

「柔道の受け身は理にかなっていない」、それを体験すれば多くの人は、どこかに反発を覚えながら、目を開かざるをえない。手で畳を叩く受け身も同じで、身体を守ってい

ない。

　柔道だけじゃない。これまで例に挙げた野球はもちろん、サッカー、ゴルフ、水泳、陸上、スキー、ラグビーなど多くの競技で同様の衝撃を宇城師はもたらした。すると、それまで「競技に人生を懸けてきた」と自負を持つスポーツ人の中には、強く反発する者が少なくない。自分のそれまでの人生を否定されたと感じるのだろうか。自分の思い通りのやり方でやりたい、という自我のせいかもしれない。それっきり宇城師の前に姿を現わさない指導者や選手のほうが多かったかもしれない。宇城師の存在を忘れてしまえば、それまでの自分の理論、指導法でやっていける、やっていきたい、そう考えるのだろう。

　私にも反発や抵抗がなかったわけではない。しかしそれ以上に真理を知りたかった、未知との遭遇に心を引かれた。そして、混沌とするスポーツ界に明確な指針をもたらし、スポーツ界を希望のある分野に変えたいという情熱のほうが強かった。

「考える悪い癖」は現代人の病気

理屈でモノを考えがちな人は、なぜ？　と首を傾げ、あれこれ思案する。その途端に身体が浮いて軽くなる。

「頭でモノを考える癖は、現代人の病気のようなもの」

と宇城師は言う。

いまの『勝負の概念』に深く捉われた大人の中には、宇城師が行なう実験の意味を理解せず、力づくで押さえ、また力づくで起き上がろうとして体験の趣旨を蹴散らす人がいる。力を誇示し、「言われた通りにはならなかったけど」と自慢げにこちらを威圧する。自分の考えを否定されたくない、自分の概念を守り抜こうとする愚かさに気がつかない大人は少なくない。

その人こそが、『力が勝負を左右する』という凝り固まった観念に固執した困った人だと思うが、実際、名将と言われる有名なスポーツ指導者や、身の周りにいる自称名コーチの中に、この手の人は大勢いる。そのことが、いまの日本のスポーツ体質のレベルを象徴している。

素直に真理を受け容れ、変化・成長できるかどうかの境目がここにある、と後になってよく理解できるようになった。

『頭が邪魔をする』、大人になればなるほど厄介な課題・弊害については後で詳しく触れるが、すぐ『なぜ？』と考え、自分の身体の変化や感動を素直に受け入れられない日本人が大量生産されている現実こそが、現代社会の大きな問題だとやがて実感した。それは日本の教育の問題にも通じる。

断っておくが、怪しい新興宗教や霊感商法の勧誘を受け、無防備に受け入れてしまう「素直さ」とは意味が違う。それは「素直」ではなく、何らかの不安と期待に脅迫されて、何かに依存してしまう心理の働きだ。

目の前の事実や体験が、「理にかなっているかどうか」を瞬時に判断する能力こそが重要だ。しかし、残念ながら現代人の多くは「判断する基準」を持たないために、周りの空気や信頼できそうな知人・友人の甘言に影響される。自分でもそれを真理だと思い込む弱さがある。それに「欲」や「お金」「自尊心」などが絡めばいっそう、ピュアな判断力を保つことができない。

「鏡を見て素振りをしても意味がない」

現役を引退後、広島カープのコーチを経て監督に就任、セ・リーグ3連覇に導いた緒方孝市選手が初めて宇城師の指導を受けたのは、30代に入り、大きなケガで出場試合数が激減した2001年のオフだった。2000年はわずか21試合、2001年は64試合の出場にとどまり、打率はそれぞれ・182、・245と低迷していた。「緒方はもう終わりか」の声もあり、選手生命の危機を囁《ささや》かれる厳しい時期だった。

大阪で開かれた宇城師の講演会に広島から参加し、終了後に控室で対面した。8畳程度の狭い会議室。私もその場に同席した。

バットを一本携えていた緒方に、宇城先生が「ここで振ってみてくれる?」と促した。

すると、緒方は部屋をぐるりと見まわして、

「ここでは振れません」

と断った。同席していた誰もが、「えっ？」と思った。

宇城師がなぜかと訊くと、緒方は、

「鏡のない場所で素振りはしません」

ときっぱり言った。確かに、打者たちはいつも鏡の前で素振りをするのが慣例になっている。球場に取材に行くと、ベンチ裏の素振りをする場所にも大きな鏡が据えてある。宇城師は、「ほお」と曖昧な反応をし、それ以上は何も言わなかった。すると、何かを察した緒方が、

「いえ、振ります」

そう言って、バットを構え、数名が見守る中でスイングを始めた。

ビュッ、ビュッと、小気味よい音が狭い部屋にこだましました。私は内心その鋭さに目を見開き、さすがプロ野球の一流打者は違うな、と敬意を感じた。フォームも無駄がなく、教科書どおりの美しさに見えた。

何度かスイングし、宇城師と正対した緒方に、宇城師が一言、

「部屋が揺れんなあ」、と言った。

「これくらいの部屋でバットを振ったら、部屋が揺れるくらいの迫力がないとアカンやろ。プロなんやから」

そう言うと、宇城師が壁に拳を当て、グッと突きの威力を加えた。すると確かに、地震がきたかと思うような衝撃で部屋全体が揺れた。私も、そこにいた誰もが、思わず天井を見上げ、揺れを確かめた。

その場ではそれ以上の解説はなかったが、要するに、見た目の美しさだとか、「いい音がする」程度の尺度では「まだまだだ」「全然足りない」ということを教えたのだろう。真剣勝負は、そんな次元では通用しない。

鏡を見て素振りをする愚かさの意味は、後で知らされた。宇城師は言った。

「打席には鏡があるのかなあ。本番の勝負でそこにないものを頼ってどうするの？　それに、目で自分の姿を確認して、それで行動するのでは頭の命令になる。遅いし、本質的な力は出ない。自分の内面と対話して、身体で感じて身につけなければ意味がない」

それを聞いて納得した。脳を介在させ、頭の命令で身体をコントロールすることで自己満足しているのが昨今のスポーツ選手たちだ。その盲点を誰も指摘しない。私は宇城師に、スポーツ界がはまり込んでいる落とし穴に気づかされた。

緒方は、これをきっかけに継続して宇城師に学ぶようになった。シーズンオフには宇城師の自宅に通った。シーズン中は甲子園で試合がある前後に大阪市内で指導を受けた。

「フォーム改造をシーズンオフにしたらあかん」

と宇城師は緒方に教えた。

「フォームを変えるなら、シーズン中にせな」

実戦の中で、1打席目、2打席目と、テーマを持って勝負に臨み、その過程で感覚を掴んでこそ本物になっていく。緒方は宇城師をしばしば甲子園球場のネット裏に招き、試合中の打撃を見てもらって助言を受けた。こうして、どん底にあった緒方は復活を果たした。

２００２年、緒方は１３０試合に出場し、ホームラン25本、打率３割を打ち、主力打者に返り咲いた。それから２００５年までの４年間は、22年の現役生活で最も充実した黄金期と言ってもいい輝きを放った。主な成績は次のとおりだ。

2002年、ホームラン25本、打率3割、73打点、77得点。
2003年、ホームラン29本、打率3割、82打点、75得点。
2004年、ホームラン26本、打率2割9分2厘、64打点、91得点。
2005年、ホームラン21本、打率3割6厘、57打点、60得点。

この4年間でホームラン101本。通算241本のうち、4割以上をこの4年で記録した計算になる。打率3割を3度記録。長打率はいずれも5割を超え、OPSも4年連続9割近い数字を記録した。

引退後、コーチ、監督になってからも緒方は宇城師にしばしば指導を仰ぎ、監督1年目こそ4位だったが、2年目に優勝。4年目まで球団史上初のセ・リーグ3連覇を果たした。

東京ドームで巨人に勝って初優勝を決めた翌日（2016年9月11日）の日刊スポーツは次のように伝えている。

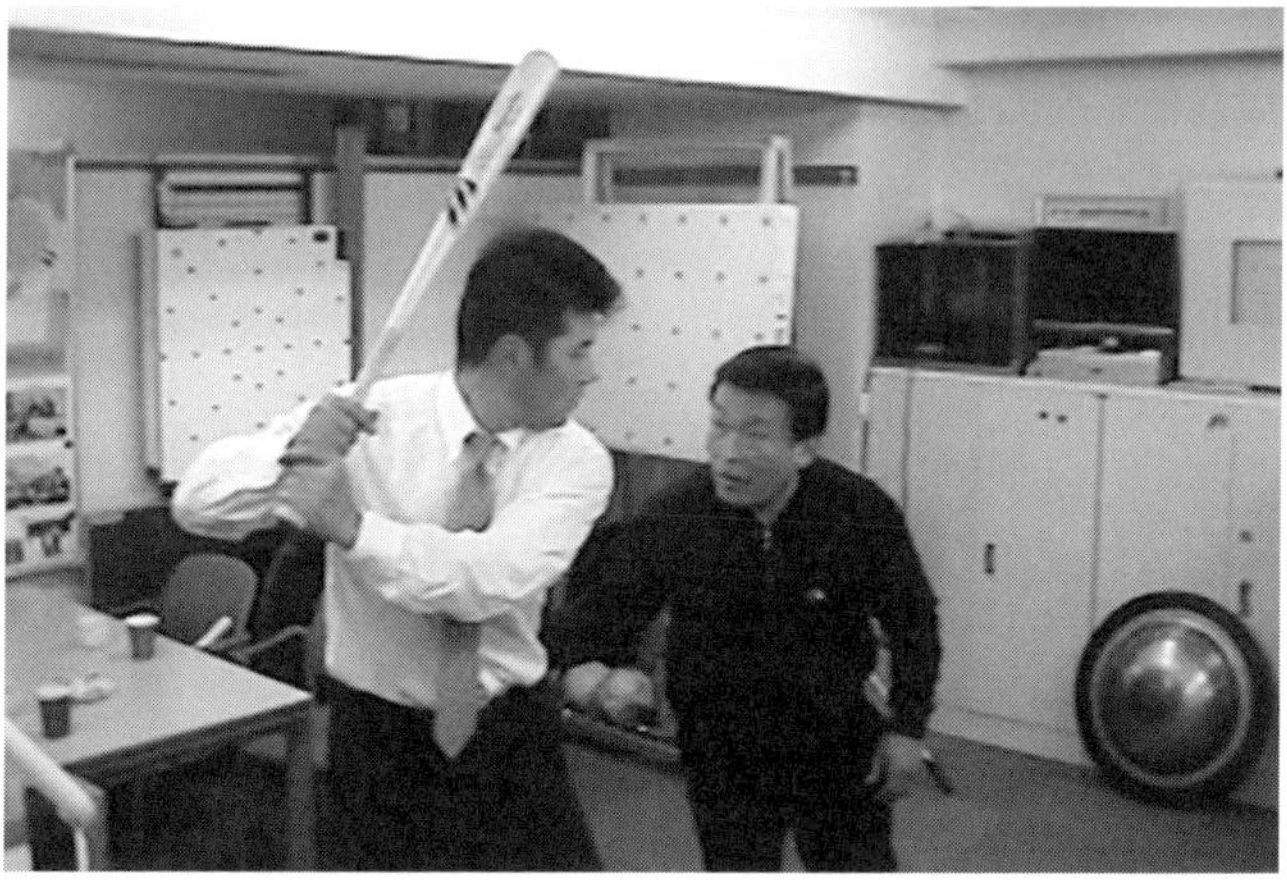

宇城師の指導を受ける緒方孝市

《結果が出なければ辞めると決めていた。胸にはいずれも故人となった3人の恩師、鳥栖時代の平野国隆監督、村上孝雄スカウト、三村敏之監督、そして教えを請う武道家の宇城憲治氏の言葉があった。

「導く指導でなければならない」

前時代的な根性論を捨て、目線を下げた。主力選手を食事に誘い、目指す野球を共有。一方で、平等な起用も続けた。試合後の監督室への呼び出しはやめ、開放感のあるグラウンドで、翌日に声を掛けた。「孤高の存在にはなりたくない」。出入りしやすいように監督室の扉は開

け っ放しだ。昨季はそれでもほとんどなかったが今季は各コーチが頻繁に出入り、監督の変化に周囲も変わっていった。》

宇城師の指導で自らを変革した成果は見事に表われた。優勝後すぐ、感謝の気持ちを緒方監督は宇城師に伝えた。

アインシュタインが予言した《愛》の力

『特殊相対性理論』などを提唱したドイツ生まれの理論物理学者アルベルト・アインシュタインが、娘に宛てた手紙に次のように記している（抜粋）。

《現段階では、科学がその正式な説明を発見していない、ある極めて強力な力がある。それは他のすべてを含み、かつ支配する力であり、宇宙で作用しているどんな現象の背後にも存在し、しかも私たちによってまだ特定されていない。

この宇宙的な力は「愛」だ。

それぞれの個人は自分の中に小さな、しかし強力な愛の発電機を持っており、そのエネルギーは解放されるのを待っている。

私たちは、愛がすべてに打ち勝ち、愛には何もかもすべてを超越する能力があることを確信しているだろう。

なぜなら、愛こそが生命の神髄だからだ》

これを宇城師はとても興味深い方法で我々に実証してくれた。

最初に幼い子どもを持つお母さんに協力を求め、床にヒザと手をついて四つん這いの姿勢を取ってもらった。この背中を力のある男性に上から軽く押し、横から押すなどしてもらうと若い女性は軽い力にも耐えられず、つぶれたり崩れたりした。ところが、このお母さんのお腹の下に、自分の子どもに寝そべってもらう。お母さんのお腹の下に子どもがもぐり込んでいる格好だ。この状態で、さっきと同じように崩してもらう。すると、お母さんはビクともしない。人が変わったように強く、ピクリともせず、最初の姿勢を保って、お腹の下に寝る子どもを完全に守り続ける。お母さん自身は、なぜ自分が変化したのか、頭ではわからない。

これは、子どもを守ろうとする母親の本能、つまり愛の力が発揮された証拠だ。まさに、アインシュタインの仮説を実証する体験。《愛の力》は観念論にとどまらず、このように実際のエネルギーとして発揮される。

宇城憲治師語録

心の発動

お年寄りが電車に乗ってきた。

「席をゆずろうかな」という意識では遅く、

「すでにゆずっている自分」

そんなスピードを持つことです。

そういう無意識の心の発動こそ、
すべてに溶け合い、あらゆることを可能にする本質、
すなわち調和融合の世界へ、
さらに「気」の世界へとつながっていくのです。

第四章

身体をひとつにする「身体脳」

地球と「調和」する発想

「人間の筋力」より「地球の重力」のほうが強大だ

中学、高校の6年間、野球部にいたが、

「地球とつながろう」

などと考えたことはなかった。監督にそれを助言されたこともない。スポーツライターになって、レジェンドと呼ばれる打者、投手、名将と謳われる監督たちにもたくさん会って話を聞いたが、記憶の限りにおいて、「地球の重力を意識している」といった発言に接した経験もない。私が質問しなかったからかもしれないが、一般的に、野球界、スポーツ界で「重力との調和」を提唱する声を聞く機会はほとんどない。器械体操の世界で、「体操は重力に逆らう競技だ」という言い方を聞くことはあるが、だからといって、「重力と調和する」「重力と一体化する」といった表現がされるわけでもない。スポーツの現場で、

「私たち人間は、宇宙の大自然の中で生かされている。地球と調和することが、スポーツのパフォーマンスを高める大前提だ」

という哲学を聞かされる機会はほぼない。

だが現実に、私たちは地球上に暮らし、酸素や重力など宇宙の恵みに助けられて生きている。スポーツをする時だけ、そのような地球とのつながりを無視して、「人間の能力だけで競技するのだ」と断言したら、いかにも思い上がりというか、実際にそれは不可能だと気づくのではないだろうか。すでにいくつか解説したとおり、人間が自分の筋力や技能を高めて競技するより、

「もっと強大な地球の重力やさまざまな自然の力を味方につけることで格段の助けを得られる」

そのことに目を向けたほうが遥かに健全で強力な進展が始まる。

現代のスポーツ人が考える『パワー』とは、選手自身の筋力や技術が生み出す『その人の力』である。ひとりの人間の『身体』というサイズでしかパワーを考えていない。

ところが、宇城師に学んだ途端、宇宙が自分の味方に思われ、人間はとてつもない援軍に囲まれていると気がついた。

サンチンの型で地球とつながる

宇城師に学び始めて、最初に感動したことのひとつが、「人の重さが変わる」という、考えたこともない事実だった。

ただ漠然と立って、後ろから同じ体格の人に持ち上げてもらう。案外、簡単な力で持ち上げられる。ところが、武術空手のサンチンの型の姿勢を取り、真っすぐ前を見つめると大きな変化が起こる。

自分では何も変えていないのだが、後ろの人が持ち上げようとして、うめき声を上げるので「おやっ」と思う。こちらはサンチンの姿勢を取っただけなのに、信じられないほど重くなっているらしい。確かに、相手が持ち上げようとすればするほど、足の裏が床とくっつき、膝下に重心が落ちた感じがする。身体がスライム状になった（固形から少し流体状になった）ような変化も感じる。

この時、意地になって力を出し、両手で無理やり抱え上げようとする人がいる。この体験の目的をまったく理解しない人、新しい発見や気づきを受け入れず、自分の常識と違う事実に激しく抵抗する人だ。まさに「力対力」こそが勝負の本質だと信じ込み、それ以外の次元を受け入れないタイプだ。残念ながら、このような人はスポーツの熱心な愛好者、指導者には少なくない。

　変化したほうの人も、自分の身体が変わったことを実感しながら、「なぜ？」と首を傾げた途端、元の重さに戻り、軽く持ち上げられてしまう。私自身、こうした経験を繰り返して、従来の常識とは違う身体の変化、重心とは何か、そして「頭が邪魔をする」という事実に気づかされていった。

　宇城師の指導で小、中学生がこれを体験する現場に何度となく立ち会った。大半の子どもが歓声を上げ、その変化に感動する。宇城師は問いかける。

「いま体重計に載ったら、体重は増えていると思う？」

「体重は変わらない！」

　子どもの何人かが答える。

「そうやな。体重は同じやろな。じゃあ、どうして身体が軽くなったり、重くなったりするんや？」

すぐに答えは返ってこない。時には、こんな答えをする子がいる。

「重心が下がったから！」

「そうやな、重心が下がった。でも、ヒザも曲げていないし、踏ん張ってもいないぞ」

言われて子どもは答えに困る。通常、重心はヒザを曲げて態勢を低くすると下がる、と信じられている。「重心を下げろ」と指示されたら、ヒザを曲げ、両手を握りしめて踏ん張る人もいるだろう。だが、サンチンの姿勢は、そのいずれのこともしていない。

それなのに重心が下がったのはなぜか？

スポーツの常識には、その答えがない。

「地球は太陽の周りを回っているって知ってる？」

宇城師が別の角度から質問する。

「知ってる！」「1日に1回、回るんだよ。だから、朝昼夜がある！」

子どもたちが答える。

「どれくらいのスピードか、わかる？」

「えーっと……」

「地球は、太陽の周りを時速約10万7000キロの速さで回っている」

「10万？　それってすごいスピード」

驚く子どもたちに宇城師が冗句《じょうく》を飛ばす。

「ほらほら、しっかりつかまらないと、飛ばされるぞ」

しかし、普段は止まっているように感じる地球から、自分が吹っ飛ばされる心配がないことを子どもたちも知っている。

地球はしかも、時速約1700キロの速さで自転している。

「それなのにどうして、机も椅子も人間も、飛ばされずこの場所にあるんだ？」

「重力があるから！」

子どもたちが勢いよく答える。

「そや、重力があるからや」

バットの芯に心技体のエネルギーが結集する

宇城師は、プロ野球選手やオリンピックで金メダルを狙う選手を指導する時も重心の変化を体験させる。

「重力は、机や椅子も人間も、みんなくっつけてしまう超強力な磁石みたいなもんや。この重力を活かさない手はないやろ。人間が筋トレで鍛える腕力なんて、重力と比べたらちっぽけな力や」

ダイエーから巨人に移籍して1年目のオフ、小久保裕紀選手が宇城師の指導を求めてきた時も、まずそこから始まった。

小久保は、２００３年春に選手生命が危ぶまれる右膝の大けがをした。本塁に足から滑り込んだ時、捕手のブロックに遭い、膝を傷めたのだ。そのオフ、巨人に無償トレードされ、心身ともにドン底に落ちた。それでも復活を期してもがいていた頃、ある人の紹介で小久保は宇城師の指導を受けに来た。私が場所の手配などを手伝い、指導にも同行した。

バットを持ってサンチンはできないので、構えた姿勢で右手だけを離し、右手でサンチンの構えをするよう宇城師は小久保に促した。すると、それだけで重心が落ち、腰の後ろを押されてもビクともしない姿勢に変わった。

この状態でゆっくりバットを動かし、インパクトのところまで移動する。そこで宇城師がバットを押さえると、小久保が目を輝かせた。内面の変化を実感したからだ。小久保は自分の意志がバットの芯にしっかり伝わっているのを実感し、宇城師にバットを押さえられても、これをはねのけ、バットをゆっくりと振り抜くことができたのだ。

「打席でこれ（右手のサンチン）をやっていいですか」

と声を上げた。宇城師は笑いながら答えた。

「そんな、パフォーマンスに見えることはしちゃいかん」、それが武術空手のわきまえだ。昨今のスポーツ界ではむしろこうしたパフォーマンスが話題になり、選手の人気にもつながる。それは本質ではない、「目立つことはしてはいけない」のが武術の戒めだと教えられた。その代わり、

「見えない方法がほかにもある」

宇城師の指導を受ける
小久保裕紀

宇城師に出会い指導を受けた小久保は巨人からソフトバンクに復帰し、41歳まで現役で活躍した。2011年には40歳で日本シリーズMVPに輝いた

そう言って教えてくれたのが、「口を小さくパッと開ける」という方法だ。口を開けるだけで「身体の呼吸が始まる」。それで重心が落ちる。サンチンの構えをするのと同じ変化が起こるのだ。実際にやってみて、確かに同じ変化を確認した小久保は、「これで行きます」と笑い、それから現役を引退するまでずっと、打席に入って構えたらすぐ、パッと口を小さく開ける習慣を続けたという。

「統一体は人間の本質。潜在力を発揮させる身体の使い方ができる。これを小久保君に伝えた」

宇城師は言う。すでにこの時には、小

久保はその変化を身体でしっかりと感じていた。

眼が生きる

身体が重くなったのは、心技体が一致する、身体がひとつになった状態だ。言い換えると、身体全体が「生きた状態」で活性化する。

そのため、ただ「力が出る」「押さえられない」だけではなく、様々な形で次元の違う変化が起こる。

たとえば、「目が輝く」という変化も、第三者から見てはっきりわかるだろう。自分自身、「感覚が鋭くなった」と感じるかもしれない。そして、「目で見る」以上に、身体全体の感性が鋭敏になった、身体全体で予知・感知する感覚の鋭さが高まったことを実感する。

瞬時の判断と反応が重要なスポーツにおいて、本来はこれが最も重要ではないだろうか。頭で考えていたのでは、この感覚は閉ざされることはあっても開くことはない。ここも重要だ。

ここまで例に挙げた様々な体験は、素直な気持ちで自然にやってみると、大人でもたいていできるはずだ。ところが、「なぜ?」と考えた途端、重心が浮いて、崩れてしまう。頭で考えることによって、心技体の一致が崩れ、バラバラになってしまう。頭が介在することで、身体をひとつにする絆が断ち切られてしまうからだ。

残念なことに、子どもから大人になる過程で、学校でも社会でも、いまの日本人はずっと、頭(理屈)によって心技体を分断する努力(徒労)を重ねている。教育と言いながら、人間の可能性を潰す方向に人を導いている。そのことに国も文科省も、たいていの教師も親も気づいていない。この悲劇が現代日本の深刻な病巣だ。これは、スポーツにとどまらず、教育界、そして日本社会全体の大問題だが、近年ようやく、一部の人たちが深刻な課題だと提言し始めているにすぎない。

故障の危険も軽減する

身体を重くするとスポーツのパフォーマンスにも大きな変化が起こる、それは、投手のピッチングでも確認できる。

高校時代に投手だった私に、普段どおりシャドーピッチングをするよう宇城師は言った。ゆっくりとモーションを起こし、ボールを投げだそうとするインパクトの瞬間か直前あたりで、宇城師が私の右手の前に手のひらを出して動きを遮った。すると、簡単に動きが止まった。それでも無理に投げようとすると肩に負担がかかり、傷めてしまいそうだった。

次に、サンチンの構えをし、身体を重くしてからシャドーピッチングをすると、右手を遮られても流れるように身体を動かし続けることができた。肩への負担もない。腕を速く振ろうとしなくても、身体全体からエネルギーがみなぎる感じだ。この状態で投げれば、間違いなく球威のある投球ができるだろうと胸が躍った。しかも、肩や肘への負担がほとんど感じられない。

日本でもアメリカでも、投手の肩・肘をどう守るか、熱心な検討が続けられている。球数制限、投球間隔の見直しなど、当たり前になった対策はいくつかある。だが、数年前、あるＭＬＢチームの監督の悲痛な叫びが私には忘れられない。

大活躍した新人投手が、わずか1年で故障し、手術を受けることになった時のコメントだ。

「私は彼の故障を防ぐために、球数制限を守った。投球間隔も十分に開けて起用した。それなのに、たった1年で故障した。一体、どうすれば彼の健康を守ることができたのか」

つまり、「球数制限も投球間隔も、決定的に故障を防ぐ切り札ではない」ということだ。私はずっと、「故障をしない、肩・肘に負担をかけない投げ方こそ、最高の予防策だ」と提唱し続けてきた。しかし、野球界はたったそれだけの、「正しい投げ方」の正解を持っていない。

これを直視すれば、「野球という競技は、必ずケガをするもの」という定説を覆せないことになる。それでも「やりたい」「やらせたい」と願う選手や親がいる限り、人気は保持されるかもしれないが、遠からず、「そんな危険な競技なら、できればやらせたくない」という親が大勢になっても不思議ではない。事実、それが主因かどうかは断定できないが、少子化以上の割合で、日本でも野球少年の減少は顕著な課題となっている。

すでに記した「重力の助けをもらう」「身体をひとつにする」といった心得でケガの

危険を軽減できると知ってしまうと、なぜこれがもっと広く共有されないのか、残念でならない。「力」を盲信するあまり、「力を超えたエネルギー」を食わず嫌いのように拒否する風潮が日本のスポーツ人の中に根強くあることを感じる。だが、選手や子どもたちの健康を思えば、そんな縄張り意識などを振りかざしている場合ではない。

中高年の愛好者に対しても同様だ。野球に限らず、ケガと背中合わせのスポーツでは、中高年が日常的に楽しむスポーツにはなりえない。やりたくても、ケガをすれば続けられないのだから。

「入る・入られる」という次元

地球とつながってしっかりと立つ。

この前提から、ひとつ段階を上げた「勝負」の話をしよう。

力対力の勝負ではなく、「入る・入られる」という次元があることを宇城師が「投手と打者の対決」で教えてくれた。高校時代に投手だった私は、これを体験した時、長年のもやもやが一気に晴れ、「できればもう一度マウンドに立ちたい、野球がしたい！」と燃える思いに包まれた。漠然と、投手と打者の勝負には単なるスピードや球威だけでない、間合いを制する目に見えない勝負の綾《あや》があり、スピードも球威もなかった私は何とかそういう技巧で打者を打ち取っていたというささやかな感触があった。けれど、声に出して言えるほどの確証はなかったし、実力のある打者には通用しなかった。けれど、宇城師がはっきりとその実体を証明してくれた。

投手はボールを持たず、打者はバットを持たず、シャドーでそれぞれマウンドと打席に立つ。距離は近くてかまわない。両者の後ろにひとりずつサポートについてもらう。私はまず打席に立った。投手役の宇城師がセットポジションで構え、スッと顔をこちらに向けた。その時、パートナーが私の腰を後ろから軽く押すと、私はあっさりと前につんのめった。宇城師に圧倒されて、こちらの重心が浮いてしまった、それでしっかり立てなくなったのを自覚した。

次に他の仲間が投手役を務め、改めて勝負する。私は宇城師のサポートも受けて重心を落とし直して構える。すると今度は、私のほうがしっかり立ち、投手役が軽く押されただけで前につんのめった。宇城師が言った。

「こういう勝負が、実際には投手と打者の間で起きているのです。勝負は、『投げる前、打つ前に決まっている』ということです」

　高校野球の指導でこれを実践すると、とても興味深い変化が起こる。この勝負の面白さを実感した選手同士がお互いに勝負を繰り返す。投手も打者も、それぞれ指導を受けた方法でしっかりと立つ。よりしっかりと立てたほうが、この勝負を制する。負けた選手は、その場しのぎの対応では身についていないことを知り、日常生活から自分を変え、磨こうと自覚する。変化をもたらす手がかりが練習場だけでなく、日常の習慣にあることが理解できたから、心ある選手は日常生活から変えようとする。こうした変化が選手の人格形成を根本的に変えるきっかけになる。

　このような次元の鍛錬や勝負が、野球はもちろん、あらゆる競技のあらゆる場面で展開されたら、スポーツは単なる力勝負のゲームでなく、より深く、より豊かな実りを生み出す無限の発展性を秘めた身体芸術に進化するだろうと私は胸が躍る。力対力の勝負がずいぶん消費的で、積み重ねのない、心身を痛めるだけの浪費的な行為に思えてくる。

部分体から統一体へ

この章で書いたのは、「行動の起点を頭脳でなく《身体脳》に切り替えると、思考や行動がケタ違いに素早くなり、しかも判断や発想が本質的に変革する」という提言だ。

身体脳とは宇城師が創案した用語で「身体運動の命令源および記憶を頭脳ではなく身体とし、身体の最大効率の動作を引き出す根源」と定義される。より明快な理解のために、宇城師が著書《頭脳から身体脳へ》の『はじめに』で書いている一節を紹介しよう。

《現在に見るスポーツや武道は競技試合が中心となり、その結果としての優劣を最優先してきました。したがってそのプロセスも必然的に結果を重視したものになります。結果主義、結果尊重のやり方およびそのプロセスは、どうしても即効性につながります。その最たるものが部分、分析型に見るトレーニングです。すなわちその競技に必要とされる部位、部分の強化です。そしてそれらは一般的にパワーアップを基本にした筋力トレーニングで構成されています。

さらに筋力とは切り離されたメンタルトレーニングや呼吸を取り入れたトレーニング、イメージを取り入れたトレーニング、部分統合による全体をイメージしたトレーニング、などがありますが、それらは科学的なとらえ方をしているとはいうものの、全体というとらえ方からすると、やはり部分的であることに変わりありません。

スポーツや武道において、たとえば「重心」が低く安定しているというのは基本中の基本であるはずですが、プロ、アマ、一般を問わず、今まで私が指導した大半の選手ができていませんでした。

さらに、走る、跳ぶ、投げる、打つ、蹴るなどの基本的な身体動作や、瞬発力やパワーの出し方、呼吸法、怪我における考え方等についても、かなり改善できるものがあることを感じました。》

《人間にはロボットにはない心の働きや呼吸、気というものが存在しています。動きや技も大事ですが、心の働きや呼吸、気というものは身体運動をより高いレベルに導く重要な要素でもあります。

今日スポーツ界は、身体動作の極限を求めて日々ハードなトレーニングと新技術の開発に取り組んでいますが、その最大の課題と矛盾点は、全体というとらえ方と、その根源にある心の働き、呼吸、気という領域の研究不足、取り組み不足にあるように思います。》

私たちは、幼い頃はほとんど《身体脳》で行動していたのではないだろうか。物心がつき、成長すると共に《頭脳》の命令で動くことが多くなっていく。それが「大人になる」「しっかり勉強する」ことだと勘違いされてきたように思う。素直な少年少女は、「大人になんてなりたくない」と反発を覚える。それは単なる大人への抵抗ではなく、《身体脳》による「真実の叫び」なのかもしれないと宇城師に学んで感じる。

「成長するとは、頭でモノを考えて行動する大人になる」という意味では決してない、いまははっきりそう認識する。

常に身体脳で行動する。年齢を重ねてもそれができる人になることが、本当は大切な成長の前提。そのことを、スポーツを通して心身で学び、磨き上げることこそ本来の道筋ではないのだろうか。

身体知による記憶

統一体とは何か、身体で考えるとはどのような境地か。改めて宇城師の著書『「気」でよみがえる人間力』の中から一節を紹介する。

《身体がバラバラではなく一つになり、さらに心と身体を一致させる事理一致の境地に至ると、物事の本質を自然体で見ることができるようになります。「事理一致」とはすべてが統一体に至る、身体としての学びだからです。

これが「身体で考える」ということです。この身体とは、身体知によって記憶された無意識下にある身体脳と意識下にある頭脳によって優先された「心と身体」のことを言います。また「身体で考える」というのは人間として考えるということであり、「頭脳の意識下にある身体」すなわち「頭で考える部分体」とは桁違いなレベルにあります。

この「身体で考える」はまた、生きているということであり時間を伴なっているということでもあります。身体は37兆個の細胞で成り立っており、その細胞にある40億個とも言われるＤＮＡにさらに2万４千個の遺伝子が存在し、そのなかに時間が存在します。その「身体の時間」を自覚することができたら、地球のなかで生かされている自分が今何をすべきかが無意識の深層意識から出てくると考えています。》

ユング心理学における「健康」と「病気」の概念

部分と全体という発想は、武術の世界に根差す日本独自の表現かと思っていたが、ヨーロッパにも同様の概念は古くからあった。

スイスに生まれた精神科医・心理学者として高名なカール・グスタフ・ユングについて書かれた『ユング心理学の世界』の中で、著者・樋口和彦（ユング派精神分析家）は次のように記している。

《「病い」とは人間が部分化される、という意味である。たとえば、癌なら癌に犯されると、その部分は全体からの統制を脱して、自己充足的に、部分化が起こる。そして、部分が全体とのバランスを失って自己増殖を異常につづけるから、全体は死に至ることになる。この全体との関係が切れて、部分になることを「病い」という。その反対に、「全体化すること」、「全体になること」、は反対概念の「健康」ということになる。ところが、現代の「健康」という概念はあまりにも物質界のみに限定した概念で、その深さを充分に表現していない。》

現代日本ではほとんど聞いたことのない、健康と病気の概念。だが、右の文章に触れて、深く納得する人は多いのではないだろうか。宇城師が伝え、武術が基本とする「統一体(全体)」と「部分体」の指摘と見事に符合する。これは古今東西を問わず、歴史的に共有された普遍的な考えだったのだ。

未来を変える統一体

真剣は瞬発力、スピードを生み出します。
瞬発力、スピードは内面のエネルギーを生み、
同時性多次元の動きをつくり出します。

内面のスピードが速い人は相手に左右されず、全体が見える。
全体が見えると、相手を包み込むことができ、
相手と調和し融合することができる。

まさに、この実践身体こそが
今を変え、未来を変える「統一体」のあり方です。

第五章

絶対と相対を知る

真剣勝負から生まれた心技体の体系

武術は絶対、スポーツは相対

「武術は絶対を基盤に置いている。スポーツは相対の世界だ」

最初にそう指摘された時、その意味がピンとこなかった。

《絶対》という言葉を、「今夜、絶対早く寝るね」とか、「明日は絶対、打ってみせるよ」など、本来の絶対という言葉の次元よりずっと軽い意味で使う癖がついていたため、絶対が意味する本来の重みを身体で感じていなかったせいもあった気がする。

本来、絶対とは揺るぎない現実であり、それ以外はありえない100パーセントの真理を意味する。一方、相対は何かとの比較だ。スポーツは対戦相手との優劣を競う形式でルールを決めている。つまり、元来が相対的な勝負なのだ。

「武術空手の体系は、真剣で立ち合った時代、生きるか死ぬかの勝負の中から生まれた真理です」

宇城師は言う。その言葉の意味を、最初から理解できたわけではない。

「真剣で勝負した時代、やむをえず戦えば、勝ったほうは生き残るが、負けたほうは死ぬ。

勝負は生きるか死ぬかの次元だった。だから、絶対に負けるわけにいかない。その《絶対》の基準で追求したのが武術の基本であり、体系なのです」

10回のうち7回凡打しても、3回ヒットを打てば「3割打者」と賞賛され、プロ野球なら1億円を超える年俸を得られる。だが、武士はそうはいかない。7回も失敗できない。1度目の失敗で命が断たれるからだ。

そう言われた時、私もちょっと抵抗を感じた。野球をバカにされたような気がしたからだ。そして、「相手があることだから」と言い訳した。

だが、武術の世界に相手はいる。たとえどんなに強い相手でも負けるわけにいかない。それが真剣勝負だ。

宇城師は著書《武術を活かす》の冒頭で、『武術の原点に返る』と題してこう記している。

《武術とは妥協もなく、言い訳もなく、限りなく自分との闘いができる世界。一度その世界に足を踏み入れると、自分自身に大きなエネルギーが湧き、自分に正直になれ、覚悟ができる。それは、他を意識したり競争したりする相対の世界から、他との競争を乗

り越えた、自己を見つめる絶対の世界への移行が始まるからです。それが「道」だと思います。》

さらに『逃げない身体、裏切らない心』として、こうも書かれている。

《武術は生か死かの闘いの場のなかから生き残るために創出された術技です。それらの術技はもちろん、その術技を司る目に見えない術技、心も学ばなければなりません。

空手のルーツは沖縄です。沖縄は今から六百年前に、武器撤廃の宣言をし、争うことなく人を大切にしながらも時代的背景やまわりの状況から自分を守る「手《ティー》」を創出しました。闘う術技でありながら、相手と調和する術技は、同時に心を養う修行の道ともなっていきました。それが「手《ティー》」であり、本来の空手の姿です。

このように歴史的に継承されてきた武術の型には、必然的に「逃げない身体、逃げない心」をつくるという課題が秘められています。

「逃げない身体」とは、術技的には相手に「入る」ということです。しかしむやみに入っていけば相手と衝突します。相手と調和融合してこそ、相手のなかに入ることができます。そしてそれは、相手を無力化することにつながります。逃げない身体の裏には、逃げない心が同時につくられます。逃げない心はまた同時に裏切らない心でもあります。そしてここに、「戦わずして勝つ」という身体と心が生まれてくるのです。》

スポーツは、勝てば許される、結果を出せば認められる。

たとえその選手やチームの戦術、技術が理にかなっていなくても、勝てば認めざるをえない、という暗黙の了解があるように思う。

その戦略や技術が、選手の将来性に悪影響を与えるものであっても、その時点で勝利させた監督は名将と呼ばれ、評価される。それがスポーツ界だ。

勝つという相対的な結果が最大の価値観となり、絶対的な技術や戦略を共有する方法を持たないところに、決定的な課題がある。

これまでの記述を理解してもらえば、スポーツの大会で勝ったからといって「絶対的な正しさの証明にはならない」という現実が見えてくるだろう。ところが実際には、メディアも勝者を褒めそやし、ゴルフの専門誌などは毎週のようにトーナメント優勝者の得意な技を特集する。読者は優勝者の技や道具に影響され、本来すべき基本の習得を二の次にして右往左往する。

優勝者やカリスマと呼ばれる選手のトレーニングを真似、食べ物から持ち物まで同じものをそろえて肖《あやか》ろうとする傾向がある。企業はファンたちのそうした習性を存分に活用し、自分たちの商品が絶対的に優れているかのように喧伝《けんでん》する。本当にそうかどうか、選手の勝利が証明したわけではないのにだ。

「ゆっくり手をかいたほうが速い」北島康介の実感

「武術空手の体系は、生死を懸けた真剣勝負の中から生まれた」と書くと、「スポーツは相対なのだから、そこまでの厳しさは必要ないでしょう?」「相手より少し上に行けば勝ちなのだから、絶対的な技術を求めなくても、相手に勝つ戦略を身につければいい、それがスポーツだ」

と反論する指導者や選手もいる。それがその人たちの価値観であれば、それ以上の説得はしないが、いかにも自分本位のスタンスで、自分さえよければいい、いまさえよければいい、という利己的な姿勢に思われる。しかも、彼らが正しいと信じる方法には残念ながら別の角度から検証した時に答えの合わない矛盾点がある。つまりそれは隙でもあるし、心身のケガを引き起こす重大な弊害をも併せ持っている場合が少なくない。目先の勝利で自分を正当化し、未来を狭めてしまっている選手や指導者に会うと残念でならない。

絶対的な体系や発想が、スポーツにも活かされる実例をもうひとつ報告しよう。水泳の北島康介選手が宇城師の指導を受けた時の話だ。

2004年アテネ五輪の水泳男子100メートル平泳ぎ、200メートル平泳ぎの2種目で金メダルを獲得した北島は、当然、北京五輪での連覇を狙っていた。ところが、2005年、06年とも、国内選手権200メートル平泳ぎで敗れてしまう。周囲からはスランプと見られる状態に陥った。当時、北島の身体のケアを担当していたアスレチック・トレーナーで鍼灸師の白石宏は、私と一緒に宇城師に学ぶひとりだった。一計を案じた白石は、北島に宇城師の指導を仰ぐことを提案した。

半信半疑ながら、北島は当時三鷹駅前にあった私の事務所にやってきた。最初は警戒心たっぷりな顔をしていたが、宇城師の話を聞くやいなや、すぐ私服からスポーツウエアに着替えた。そして、宇城師から武術的な基本を、身体を通して指導された。

「腕を速くかいたほうが、記録が伸びる。一度のストロークでよりたくさん進み、その数が多ければ多いほど速く泳げる。それが理屈なんですけど……」

北島はつぶやいた。アテネ五輪の金メダルは、北島自身の才能と努力に加え、日本の強化スタッフ、科学的研究員たちの粋を集めた「科学の勝利」と謳われていた。「科学的な分析」を単純に表現すれば、
＊一度のストロークで何メートル進むか。その距離が長いほどいい。
＊一度のストロークにかかる時間が短い（速い）ほどピッチが上がる。
そうすれば、より速く泳ぐことができる、という理論になる。北島もそう考えてトレーニングを重ね、アテネで夢を叶えた。ところが、その先の領域に踏み込もうとした時、北島の身体と感性は、その理論に違和感を抱き始めたのだ。その素朴な気持ちを宇城師

に吐露した。

「自分は、ゆっくり腕をかいたほうが速く進む感じがするのです」

　宇城師の顔が輝いた。

「ほお、そうか、実はそのとおりなんや」

　宇城師と北島の身体を通じた会話は、そこからいっそう熱を帯びた。

　本質的な力の概念がスピードとは別の次元にあること、外から見たスピードやパワーより身体全体からみなぎるエネルギーのほうが圧倒的だという事実はすでに書いてきたとおりだ。

　これまで説明してきた「地球とつながる」「しっかり立つ」という方法は、水泳には通じないように思える。なぜなら、水中に浮いている水泳選手は、両足で立つことができないから。

　だが、そんな心配は杞憂《きゆう》だった。水と調和する、水と一体になることが水泳選手にとっては大きな手がかりだと宇城師は教えた。それを体感させるのに、水のない私の事務所で宇城師はそれまで見たことのない方法で北島に水との調和を体感させたのだ。

同行してきた後輩選手をテーブルの上に寝かせ、北島にそのお腹の上にクロスして腹ばいになって平泳ぎの動作をするように言った。下になった後輩は、プールの水の役。宇城師はその選手の身体の状態を気で自在に変え、北島が泳ぐ時の水との調和や衝突を教えたのだ。つまり、泳ぎやすいか、違和感があるかないかなど、その変化と実感を訊かれて、

「わかります、はい」

北島が、真剣な顔で答えた。そして、腕をゆっくり動かした時、もうひとりの同僚に手のひらを押さえられても構わずかけることを実感した。

「ゆっくり動かしても、強いんです。逆に身体が浮いていれば、速くかいても力は出ない」

そう言って、腕の力だけでかいた時の軽さも体験させた。水と一体になっていなければ、いくら速くかいても進まない、疲労も大きいという意味だ。

それは北島が「自分ではぼんやり感じていたけれど、それが重要な手がかりだと周囲も自分も確信できなかった感覚こそが次の次元に突入する重要な手がかりだ」と確信した瞬間だったのではないだろうか。

その後、北島がどのようにその体験を活かしたのか、詳細はわからない。それからまもなく北島は復調。２００８年４月には国内選考レースの男子２００メートル平泳ぎに日本新記録で優勝。１００メートル平泳ぎでは９連覇を飾って北京の代表切符を手に入れた。そして、北京五輪では日本選手として史上初めて２大会連続２種目優勝の快挙を達成した。

日常生活にある「絶対」の境地

絶対と言われると、自分には無縁のありえない世界、自分には体験できない遠い領域と思うが、実は私たちも、元々ＤＮＡの中に絶対的な身体文化を持っていることを知ると、少し目が覚める。

たとえば「お辞儀」だ。これについては三章でも紹介した小久保裕紀監督の体験談が明快だ。

「初めて指導を受けた時から、勝っても負けても試合後グラウンドに一礼している」

と言う小久保は、巨人からダイエーに戻ってからも、「グラウンドに出入りする時の一礼」の習慣は励行した。この思いを西日本スポーツ新聞の取材で語っている。

「高校時代から、グラウンドに入る時には一礼するよう指導されていたが、誰もいないのに頭を下げるなんておかしいと思ってやっていなかった。ところが、宇城先生の指導を受けて、その意味がわかった。それからはグラウンドに入る時と出る時、必ずお辞儀をするようにしている」

小久保選手は、コンスタントに成績を残しながら、ケガで離脱することも多い選手だった。その場と調和することは、スポーツ選手に限らず重要だ。最初にきちんとお辞儀することでグラウンドと調和する。その変化を小久保は身をもって体感した。

「武の攻防では頭で考えてから動作しては間に合わない。身体が自然に動くには心と身体がひとつになった《統一体》の状態をつくり出す必要がある」

宇城師は小久保に説いた。

小久保は2007年のオフに巨人からソフトバンクと球団名を変えたホークスに復帰した。すでに35歳になっていたが、ソフトバンクではそれから6年間現役で活躍。37歳の年（２００９年）には全試合出場も果たした。41歳までの6年間で、打率・２６５、３６９打点、ホームラン92本を記録した。また、２０１１年、中日との日本シリーズでは４番打者としてシリーズ打率・３２０で最高殊勲選手（ＭＶＰ）に輝いた。これは歴代最年長、40歳での受賞だった。宇城師との出会いをきっかけに、野球との取り組み方を見直した成果だと、引退時、小久保は宇城師に感謝の言葉を述べている。

グランドにお辞儀をすることは、これから活躍する場と調和するプロセスだ。自分だけで躍動するのではない。場と調和することで、より安全により高いパフォーマンスを発揮できる。丁寧なお辞儀も、身体をひとつにする、サンチンと同様の型の効用がある。なぜなら、お辞儀は日本人のＤＮＡに刻まれているからだと宇城師は言う。

付け加えると、もうひとつ興味深い事実がある。

正しい所作でお辞儀をしても、心の中で「この人、本当は嫌いだ」といった反対のことを思うと、重心は浮いてしまう。心が伴わなければ、単なる動作に本質的な力は生まれない。

絶対の稽古から生まれた「気」のエネルギー

人間には見えないエネルギーがある。誰の身体からも、多かれ少なかれ見えない力は発せられている。それを《気》と呼ぶことは、日本の身体文化の伝統からすれば、それほど不思議なことではないと思う。だが、残念ながら現代人の大半は、明らかに自他ともに認識できるレベルで《気》をコントロールする力を携えていない。だから、「気は本当にあるよ」とか、「あの人は気が使えるんだ」などと真顔で言えば、大丈夫かと心配されるのが昨今の風潮だろう。それは私も理解している。実際、気が使えると称する複数の治療家らに会った経験もある。そのたび、私自身も首を傾げざるを得ない経験を重ねている。だから、簡単には信用しないし、真贋《しんがん》を見分けることも重要だと感じている。

だが、宇城師が指導に活用される気は圧倒的で、疑う余地がない。すでに20年を超える親交を通し、宇城師の気のエネルギーの強さと活用の精度、バリエーションは日々進化している。

ひとつ、宇城師が気を活用して、スポーツ選手を指導し、見違える変化・成長をもたらした実例を紹介する。

水泳男子背泳ぎの古賀淳也選手が宇城師の元を訪ねたのは、２００８年、北京五輪の代表になれず、悩んでいた時期だった。当時の古賀は、五輪種目にない50メートルでは強かったが、１００メートルでは結果を残せていなかった。古賀は、宇城師が主宰する宇城空手の実践塾に入門し、他の塾生たちとともに、空手衣を着て、サンチンの型稽古などを積んだ。

指導を受け始めた直後に２００９年4月の日本選手権、男子１００メートル背泳ぎで入江陵介を破り優勝。52秒87は世界記録まで0秒33と迫る日本新記録だった。

宇城師は自らプールに入り、水の中で古賀に気を通し、泳ぎの変化を体験させる指導も行なった。

違いを実感させるために、腰にロープを巻き、後方から2人がこれを引っ張って抵抗力にした。いつもどおりに泳いだ時と、宇城師が気を入れてから泳いだ時の変化は歴然としていた。当初の泳ぎは後ろから引っ張る力に抑制され、いくら手足を動かしても前に進めなかった。ところが気が入ると、引っ張られる力をまったく感じないかのように、伸びやかな泳ぎでグイグイ前進した。逆に後ろで引っ張る人が前に引きずられてしまった。

この違いを身体で経験することで、「身体が本質的な力の使い方を覚える」と宇城師は言う。通常のスポーツ指導にはない指導法だ。

プールで指導を受けた直後、古賀は語っている。

「身体を動かして浮かすのではなくて、まったく違う次元で水の上にまさに乗るという感覚がよくわかりました」

気を通して行なう指導の特徴を宇城師は次のように教えてくれた。

即、結果につながる。
←
驚き、感動する。
←
素直になり、謙虚になる。
←
気づきが生まれ、眠っている潜在力が引き出される。

世界水泳選手権ローマ大会の結果を報告（2009年）
この時古賀淳也は「100 メートル金メダル、50 メートル銀メダルを、
宇城先生に差し上げる気持ちで来た」と語った

プールでの実践指導を受ける古賀淳也
宇城師が気を入れるとロープを持つ 2 人が引きずられていく

そして２００９年7月、ローマ世界選手権の男子１００メートル背泳ぎ決勝で、古賀は自らの日本記録をさらに更新する52秒26で優勝を果たした。この大会に向かう前、古賀は宇城師から「世界一素早いスタート」の土台となる稽古を伝授されていた。

宇城空手の稽古の中で、パイプ椅子に座った状態から、後方にスタートを切るシミュレーションをした。その背中を空手の塾生に後ろから両手で押さえてもらう。最初は、いくら勢いをつけて古賀が後方に飛び出そうとしても、衝突が起こり、簡単に押さえられてしまう。

ところが、宇城師が古賀に気を通すと、簡単に押さえる両手を撥ねのけ、後方に飛び出すことができた。古賀本人は、とくに力を入れた実感もない。むしろ、ただ後方に身体を移動しただけといった感覚だが、勢いは格段に違っている。そして、スタートする前に「できる」という確信を感じたという。

次に一人でなく、10人がずらっと後方に列を作り、古賀の背中に抵抗を加えた。通常ならどうにも動かせないはずだが、気の通った古賀の身体は、10人の抵抗さえものともせず、スタートの合図とともに後方に飛び出すことができた。

反応が速い。頭でなく、身体脳で動いているから次元の違う反応。しかも、揺るぎない。不安もない。

「気を通されて『できた』というのが身体に残る。それが大事」（宇城師）

ローマ世界水泳の決勝でも、古賀は他の選手を圧倒する抜群のスタートで序盤からリードを奪った。このレースを振り返るインタビューが、後にＮＨＫ総合テレビで放送された。ソウル五輪金メダリストの鈴木大地に、「ウエイトトレーニングとか、何か特別な練習法はあるの？」と尋ねられて古賀は、

「おととしの12月から、宇城憲治先生に空手を習いに行っているんです」

と答えた。それを聞いて顔色を変えたのは、スタジオで一緒に出演していたタレントの関根勤だった。関根は真剣な眼差しで言った。

「宇城先生はすごい空手家なんです。格闘技でトップになった人がみんな習いに行っている。世界を制した空手家の人も行ってます」

そして番組は、世界一と言われるスタートの速さの裏に、気を通され統一体となる指導があったことを伝えた。

「高い山」に登る

高校野球なら「甲子園出場」が最高の価値であり、プロ野球選手になることは『成功』への登竜門。プロ野球で活躍し1億円プレーヤーになれば「成功者」と讃えられる。その先にメジャーリーグがあり、、メジャー球団と契約できれば10億円単位の年俸に恵まれる。

こうした「夢」を野球少年とその親たちが熱心に追いかけている。野球に限らず、サッカーならJリーガー、そしてヨーロッパの一流クラブでの活躍。テニス、ゴルフは海外メジャー・トーナメントでの優勝。他の競技選手はオリンピックで金メダルを獲得する夢。それらはいずれも「成功」の証であり、選手と関係者が目指す「高い山」と言っていいだろう。

だが、スポーツ選手は遅かれ早かれ引退を迎える。現役を退いた後、指導者として成功できる人材は多くない。引退後もテレビで活躍する元スター選手も珍しくないが、彼らは生涯スポーツのスペシャリストであるというより、メディアや大衆が求める「タレント」「アイドル」としての役割を担う。それが果たして、スポーツ界で一定の足跡を残したアスリートの次のステージとして誇り高き生き方だろうか。

引退後の人生に躓《つまず》き、事件を起こす例も少なくない。長い「人生」という観点からすれば、野球における甲子園出場やプロ野球での活躍は必ずしも人生充実のステップとは限らない。

私たちが本来見つめるべき重要な核心は、

＊スポーツを通して、その選手自身の中に、人としてどんな成長があり、日常生活でも活かされる心技体の能力が開発されたかどうか。

という内実ではないだろうか。

大会で優勝した、新聞で報道された、といった一見華やかな出来事に心を奪われ、その後の人生の糧になるか、という問いかけが曖昧になっていないだろうか。

スポーツで勝利者になることは理屈抜きに「素晴らしい」とされている。そのため学業や仕事を二の次にすることは「集中するために必要な環境」という認識も当たり前になっている。スポーツばかりに打ち込む姿勢を戒めるムードはいま社会にはあまりない。

だが、人生という視野に立てば、アスリートが偏った価値観の中で孤立し、競技を離れるとほとんど役に立たない競技力ばかり磨いていて、「有事の際に大切な人を咄嗟に守る行動ができるか」という問いかけなどはほとんどされないのが現状だ。スポーツは、《実生活に役立つ能力の開発》につながっていない可能性がある。

私は武術を学んでその矛盾に気づかされた。

スポーツの分野で生きてきて、ずっと「高い山」だと思い込んでいた「甲子園」「プロ野球での活躍」「オリンピックのメダル獲得」といった目標が「人生のゴール」でもなければ「第二の人生で自分を生かす糧になる」とは限らない現実を痛感した。

いま登っている山を「すぐ下りる」勇気

宇城師に学んでしばらく経ったある日、鮮明な光景が浮かんで見えた。

「高い山」だと思い込んでいたスポーツ界の様々な目標が、実際にはそれほど高い山ではなかった……。その山々を上方から俯瞰《ふかん》して眺めると、それら山の頂上は他の山とつながっていない。その山に登ったら、それで終わりだ。別の山にまた登ろうとすれば、一度下りるしかない、そういう現実がはっきり見えた。

そして遥か遠い彼方に、理想郷とも思える本当の高い山が見えた。その頂上は雲に霞んで見えないが、あの雲の高みに到達したい、雲の上の境地を体感したいという強い気持ちが湧き上がった。頂上には一生かけてもたどり着けないだろう。それでも遥か頂上を目指す旅こそ、自分が求める生き方だと直感した。

それに気づいて取るべき行動はひとつだった。

「高い山だと思い込んで登っていた山を一目散に下り、本当に高い山の麓まで駆けて行って一から登り直すこと」だ。

それが四十代の前半だった。気づいたら、恥も外聞も、それまでの実績や仕事を守ろうとする気持ちも浮かばなかった。その決断が人生を大きく変えた。それから二十年近く、文筆活動は半ば開店休業状態になったが、それは仕方ない。すでに二十余年が過ぎて、あの時の行動に深く胸をなでおろしている。

私は幼稚園の頃から相撲に、小学生になると野球に熱中し、中学、高校と野球部で過ごした。他のスポーツも大好きで、テレビやラジオで熱心に中継を見聞きして育った。そのため知らずしらず、モノの考え方が「野球やスポーツの常識」に染まり、「野球的・スポーツ的な思考」が当たり前になっていた。それが実は、人生において自分の未来を輝かせるとは限らない、「深刻な弊害」になっていると気がついた。

それまではせいぜい、「自分には根性論が染みついている」「封建的な指導を嫌っていながら、根は熱血だなあ」などと、冗談で自嘲する程度の自覚だった。

いま、一人ひとりが大切にされる時代の中で、スポーツ界で染みついた対極的な体質がいかに深刻で組織的な弊害かに気づかされている。

たとえば、部員が五十人いる野球部で、ベンチに入れるのは二十人。「他の三十人は力がないから仕方がない」と切り捨てられる。そのことに野球人はあまり抵抗を感じない。「試合に勝つ」ため、上手い選手が選ばれるのは「当然のこと」。ベンチに入れなかった3年生がスタンドで懸命に応援する姿は「美しい光景」とされる。一人ひとりの教育の場であるはずの高校野球でさえ、組織全体の利益を優先し、一人の心情に寄り添う気持ちはほとんど考慮されない。私自身、勝利者の側にいる間は存在を無視された側に思いを寄せることはなかった。こうした勝利至上主義の人間をいまもスポーツ界は熱心に応援し、育て続けている。

宇城師の《気》は《量子力学》の体現

この本では、できるだけ多くの人に、日常的な事例を通して気づきを感じてもらいたいと願って書き進めている。だから、本を読んだだけでは「絶対信じられない」と引かれるような事例はできるだけ避けている。

だがいま《宇城道塾》のセミナーに参加すれば、この本で書いた実例のさらに数次元先を行く、信じられないような実証が展開されている。それをいきなり書いてしまえば、常識とあまりにかけ離れているため、にわかに信じてもらえないだろう。けれど、実際に宇城師は世界の最先端科学者たちが懸命に研究に取り組んでいる《量子力学》《5次元の世界》を《気》によって体現している。その事実の一端に触れてもらうため、少しだけ次元の違う現実を紹介しておこう。

塾生の中に、法政大学野球部の主将を務めた後、ドラフト指名を受けて大阪近鉄に入り、オリックス、東北楽天、千葉ロッテで活躍した捕手・新里賢がいる。私は新里が大学時代から交流し、プロに入って宇城師の指導を受ける際にも幾度か同席している。

ある日、宇城師は新里に捕手の構えをするように言い、2メートルほどの距離から彼に向かってボールを軽くトスした。当然、元プロ捕手の新里は苦もなくこれを素手でキャッチした。次に、「気を入れるよ」、にやりと笑って宇城師がボールをトスすると、キャッチした瞬間、新里の表情が強張り、モノも言わず、ただ後方に尻もちをついて立ち上がれなくなった。一体、何が起こったのか、その場にいる誰もがすぐには理解できなかった。

もう一度、今度は新里の後ろから二人が抱きついて、倒れないようサポートする。やらせでない証明と、エネルギーの強さをより明快に実証するためだ。

宇城師が再び《気》を入れてボールをトスすると、後ろに抱き着いた二人も後ずさり、三人がたまらず倒れ込んだ。

「エネルギーやから」

宇城師が言った。空手の突きがスピードを必要としないことは第一章でも書いた。それと同じく、投げるボールにもスピードの要素は不要。ボールにエネルギーがこもっていれば、軽く投げただけでもそれだけの威力が相手に伝わる。キャッチした捕手が表情を変え、尻もちをつくのだから、これをバットで捉えたら打者はどうなるだろう。打ったつもりでも、激しい衝撃を受け、ボールは決して前に飛ばないに違いない。

5次元の世界と往来できる唯一のエネルギーが重力

世界の最先端科学者たちはすでに宇城師の発するエネルギーの存在に着目し、研究を進めている。季刊《どう》１９９号（２０１９年冬）で宇城師が対談した、量子物理学者のアミット・ゴスワミ博士もそのひとりだ。ゴスワミ博士は対談の中で語っている。

「これまでの科学は、力でエネルギーを加えて変えるというニュートン的な考え方でした。これに対し量子力学の考え方は、相手に対し力を加えるのではなく、相手が変わるように働きかける、説得する、話し合いで協力し合うことを選択していくというものです」

宇城師は、著書『人間と宇宙と気』の中で述べている。

《私たちが住む世界は、「x、y、z」という3次元空間に、時間「t」をプラスした4次元時空の世界ですが、この4次元時空にさらにG（重力）の作用が加わって生み出される異次元時空を、持論ですが、5次元時空と位置付けています。

気によって創り出したG（重力）を4次元時空に加えると、今の常識や科学にない不思議とも言える異次元時空が出現します。

たとえば、武術のような生と死をかける時空は意識下の動きでは遅く、必然的に無意識領域下、宗教で言うところの深層意識下での攻防となります。》

またさらに、『ワープする宇宙』（NHK出版）で5次元の世界に関する理論を展開し、注目されたリサ・ランドール博士（ハーバード大学教授）の著書を引用し、宇城師は記している。

《リサ・ランドール博士は、「目に見えることも感じることもできない5次元世界の存在を確かめられる唯一の方法は重力を通じてであろう」と述べています。

つまり、地球と同じように時空を時間（t）と空間（xyz）とする4つの次元を持った世界は他にもあって、私たちの住む太陽系にある地球と同様、それらはさらに大きな5次元の世界に包まれていて、その5次元の世界と往来ができる唯一のエネルギーが重力だとしています。そしてその5次元の世界は私たちの見方、考え方によって変わるとも言っています。

私の場合の5次元は、リサ・ランドール博士の言う大宇宙の時空の相似形とも言える小宇宙の時空と言えると思います。》

宇城師が体現する気のエネルギーとその活用は、多くの日本人が漠然と抱いている気のイメージを遥かに超えている。海外の研究者たちの協力も得て、宇城エネルギーが平和と健康、人々の本質的な教育に活かされたなら、日本の未来に明るい希望の光が灯るだろう。一人ひとりが目覚め、潜在力を磨いたなら、かつて欧米が畏れ敬った日本の底力を改めて再生できるはずだ。

宇城憲治師語録

細胞に聞け

今生きているということ、それは我々一人ひとりが、
20万年前の現生人類（ホモサピエンス）の時代から、
縄文、弥生、飛鳥、奈良、平安、鎌倉、南北朝、室町、桃山、江戸、
明治、大正、昭和、平成……と、

ずっと生き続けてきた細胞を持っているということ。
そうした我々の細胞は、その時間の中で
いろいろなことを乗り越えてきた遺伝子を持っている。
だから細胞は知っている。
頭でもなく、脳でもなく、
細胞に聞くことが大切なのである。

第六章

熱狂に踊らされる日本人

勝利至上主義と商業主義に翻弄される病弊

「すごさ」で人を惹きつけてはいけない

宇城師に学び始めた当初、すぐに理解できなかった教えのひとつが、「すごさで人を惹きつけてはいけない」というものだった。

幼い頃からスポーツに胸をときめかせ、相撲、野球、ボクシング、バレーボール、重量挙げ、マラソン……、とにかく「すごい」「すごい」と囃《はや》し立てるテレビやラジオ、新聞や周りの大人たちに煽《あお》られてスポーツを好きになった。大学生になり、スポーツを書く仕事をするようになって当然のように、「すごい」と感じる選手やチーム、劇的な試合などを取材して書くことを求められた。

無意識のうちに、「すごいことが偉大なこと」「すごさがスポーツの象徴」と思い込んでいた。

『すごい』の何が悪いのか?

この質問に対する答えとしては、2024年2月、季刊《どう》で対談させてもらった時の会話を引用しよう。それは、陸上競技の元金メダリストが、力自慢の動画をインターネットにアップし、話題になっている件についてだ。

小林　すごさで人を惹きつけてはいけない。それはなぜでしょう？

宇城　「すごさ」で教えると「すごさ」を求めてしまう。そうすると本質からずれていくからです。

私1人対10人、1人対50人の引き合いでも、力を使わず引っ張ることができます。筋力ではありません。次元の違う世界があるわけです。ところがオリンピックの金メダリストがネット上で3人を引っ張るという『力のパフォーマンス』動画を出し、騒がれています。

小林　すごい！　と驚かせている、わかりやすい例ですね。

宇城　あまりに単純なパフォーマンスですね。なぜ注目されるかというと、その人に知名度と肩書があるからです。

小林　ひとりで3人を引っ張るなんてすごい！　と普通の人は驚きます。

宇城　その動画を見た子どもが「すごい！」となったら、その子の進化はそれで終わりになってしまいます。

小林　力と力の勝負にしか目が行かない。「筋力に頼らなくても、相手を制するエネルギーが発揮できる」という《次の次元》に踏み込む道は閉ざされてしまう、という意味ですね？　スポーツ界で有名な人がそれを自慢げにやったら、「すごい」となって、そちらにすっかり影響されるのがいまの世の中です。

宇城　どんなに力があっても、人間は象には勝てないし、空手のチャンピオンでもライオンとは戦えない。一方でライオンを抱く人はいる。それは愛情という力です。すなわち寄り添うとか愛情の世界にいくと、本来の人間としてのエネルギーが得られるのです。潜在力が発揮されるということです。

　すごさで人を惹きつけると、そのすごさが最大の価値のようになって、その先の次元に目覚める機会を失ってしまう。

熱狂は歓迎すべき現象なのか？

パリ五輪をネット（ＴＶｅｒ）で見ていて、ひとつ首を傾げることがあった。

それは大手建設会社のＣＭだ。

＊

古代ヨーロッパの競技場と思われるスタンドでレスリングのような競技を見つめる俳優の佐藤健に、初老の外国人紳士が声をかける。

「ここは、何のためにつくられたと思う？」

戸惑う佐藤健が、

「スポーツ、するため？」

自信なさげに答えると、男性はきっぱり言う。

「それだけなら、ただの空き地で事足りる」

言われて周囲を見回す佐藤に、紳士はさらに言う。

「熱狂するためだよ」

そしてそのＣＭは、佐藤健の次のつぶやきで締めくくられる。

「昔も、そして今も、建物だけじゃない、そこで生まれる感情までつくっているんだ」

最後の言葉は、見事な表現とも思える。確かにそのとおりだ。が、「熱狂するためだよ」という言葉には、重い抵抗を感じた。

＊

人々の《熱狂》は、政治の分野で起これば、危険な前兆だ。かつてのナチス・ドイツの台頭がそう。日本でも、第二次世界大戦に駆り立てたメディアの扇動は人々を熱狂に近い心理状態に導いたと伝えられる。

熱狂は、極端に偏った大衆心理を誘発する、警戒すべき兆候なのだ。ところが、スポーツに対する熱狂は、「素晴らしい喜び」のように社会的に歓迎されているように感じる。

スポーツだけではない。音楽や映画、演劇、小説あるいはアニメーションの分野においても、人気作品やアーティストが生まれたら、社会に絶大な影響力を持つ。アメリカの大統領選挙でも、カリスマ的な人気を誇るアーティストがどちらの候補の指示を表明するかは大きな関心事だし、実際の投票行動を左右するとも言われる。映画の中には、明らかにプロパガンダの意図が込められたヒット作品も多数あると言われ、この分野では一定の警戒はされている。だが、スポーツの分野は、これら芸術の中でも最も無警戒で、社会的に「スポーツの熱狂は危険だ」と警鐘を鳴らす動きはさほど大きくない。ＳＮＳの発達によって、政治的発信をする俳優、アーティスト、お笑い芸人らも多くなったが、日本のスポーツ関係者はまだ政治家に転身した人以外は日常的に政治的発信をする人が多くないためもあって、「スポーツは安全な分野」と見なされているのかもしれない。

しかし、世界的には《スポーツ・ウォッシング》に対する厳しい視線や批判が大きくなりつつある。オリンピックやワールドカップなど、華やかなイベントを表に出して、裏では国民の反対を受けかねない公共事業などを隠れて推進する目論見への警戒だ。日本でも東京２０２０の一環で、都心の再開発が進められた。新国立競技場周辺の地上げ、選手村となった晴海のニュータウンも結局のところ、不当に安い価格で不動産会社に提供され、巨額の利益を提供したと問題視されている。

スポーツの熱狂は結局、大衆の歓心を煽り、大衆の眼を欺く格好の話題として利用されている側面が否定できない。

スポーツはその熱狂性ゆえに利用され、大衆の目を眩《くら》ます材料に利用され続けている。

そのカラクリに気づくことは、本当の選手ファースト、スポーツの価値の創造、スポーツの健全な発展のためには欠かせない。

勝てばいい、儲かればいい、短絡的な勝利至上主義、商業主義を煽る企業とメディアに乗せられて、選手もスポーツ関係者もファンも、クールで複合的な眼差しを失ってはいないだろうか。

私たちが熱狂を安易に歓迎する限り、スポーツは悪用され、スポーツを愛好する多くの選手、ファンも利用され、搾取される構造から抜け出せない。

そして、平和の祭典とは言葉だけで、勝つか負けるか、勝者と敗者、繁栄と喪失、悲惨な上下構造を抱え続けることになる。

言葉を失ったパリ五輪の出来事

2024年夏のパリ五輪は、多くの感動をもたらすと同時に、数々の波紋を投げかけた。

私にとって最も印象的だったのは、柔道で連覇を狙った女子選手が初戦で敗れ号泣した、その出来事に対する日本人やメディアの反応だった。

号泣を咎《とが》める声も当初はあったが、次第に選手個人を非難する言動を糾弾する空気が支配的となり、最終的には「誹謗中傷はやめろ」の大号令で、議論そのものが封殺された。これがまさに、現在の日本の世相。世論やメディアの置かれた状況と『レベル』だと感じた。

「個人の尊厳を大切にする」

それは当然のこと。だが、五輪選手、日本代表という公人の立場で求められる品格や資質が問われるのもやむを得ない責務だろう。

「あれだけ号泣できるなんて、それだけ努力した証拠。そこまで懸けるものを持っていない私は羨ましいと思った」

「あの号泣には、生まれていちばん感激した」

といった感想が紹介され、彼女への擁護、号泣への理解を広げる動きが優位だった。

私自身は、現代の世相を考慮すれば、号泣を辛辣に非難するのは賢明でないと感じながら、冷静にスポーツやスポーツ選手の態度を考察・議論できない不思議な風潮に首を傾げる思いも深かった。

何のためにスポーツをするのか？

この話題をあえて問うのは、この出来事が、「スポーツの意義とは何か」「何のためにスポーツをするのか」という本質的な課題とつながっているからだ。

言い換えれば、社会がなぜスポーツを容認し、支援するか。

代表選手を強化し、オリンピックに至るまでの国内外の大会への遠征費、強化費、選手だけでなくコーチやトレーナー、練習パートナーらのスタッフを支援するために相当額の強化費が公費から投入されている。

あの試合、勝ったのはウズベキスタンのディヨラ・ケルディヨロワ選手（26）だった。ケルディヨロワは、号泣する日本選手を前に、硬い表情のまま、主審から勝利を宣《せん》せられた。彼女は笑みを浮かべることなく、淡々と礼をして畳を降りた。歴史的勝利。多くの外国人選手なら飛び上がって喜びを表現してもおかしくない場面で、ケルディヨロワはそうしなかった。

試合後、その時の心境を記者に訊かれ、ケルディヨロワは答えた。

「彼女は女子柔道界のレジェンド。オリンピックのチャンピオンであり、世界チャンピオンで、私はずっと尊敬していたので、彼女の前で喜ぶことはしたくなかった」

この発言が報じられると、ネット上でも「柔道の精神をしっかり体現している」「これぞ武士道精神！」「サムライ感ある」「柔道家としての佇《たたず》まい」と好感の声が躍った。

ケルディヨロワはその後も勝ち進み、金メダルに輝いた。初出場の東京2020では17位だったが、3年の時を経て、頂点に駆け上がった。強く美しい柔道家の凛々しい表情は、世界のファンの胸にしっかりと刻まれただろう。

多くの人々が期待する「柔道を通じて到達する領域」、そして「それこそがスポーツに打ち込む価値だ」と感じるのは、ケルディヨロワが体現した振舞いではなかったか。ケルディヨロワの姿こそ、私たちが感銘を受ける勝利者の姿だった。

物言わぬ「幻の金メダリスト」

もうひとつ、印象に残ったのが、スポーツクライミングの《ボルダー・リード複合》で4位になった森秋彩《あい》選手だ。

先に行なわれたボルダーの第1課題は、身長154センチの森には厳しいルート設定になっていた。最初の課題（スタートホールド）が高すぎて、ジャンプしてもジャンプしても、つかむことができない。何度も首を傾げ、設定を見上げ、改めて飛びつこうとする森の姿は、日本のファンだけでなく、欧米の中継視聴者にも怒りと疑問を抱かせた。「身長の低さで、特定の選手を排除した」という非難が世界から起こった。これに関して、日本の元選手が、技術があれば克服できた可能性はあった、と冷静な論考をネットに発表していた。森が試合後も帰国後も、この件についてほとんど批判めいた発言をしていない。「力が足りなかった」という主旨の発言で一貫していたことだ。

もうひとつ、スポーツライターとしては、この件で、あまり指摘されていない「おかしな事実」を伝えておきたい。

私の元にも「逆に身長の高い選手に登りにくい設定もあった。そういう有利不利があるのもボルダリングの特徴です」という関係者からの指摘が届いた。なるほどと考えさせられた。そして何より唸らされたのは、そもそもスポーツクライミングという競技には通常、《ボルダー・リード複合》という種目は存在しない。ボルダー、リード、スピードの3種目がそれぞれ行なわれる。オリンピックで採用されるための苦肉の策で、IOCとIFとが臨時に設定した種目なのである。

森は前年（2023年）世界選手権の《リード種目》で優勝している。ワールドカップなどの国際大会を合わせると、過去2年間で5度も頂点に立っている。ところが、パリ五輪には《リード》という単一種目がなかった。もしパリ五輪も通常の3種目で行なわれていれば、リードで1位だった森は金メダリスト。いわば幻の金メダリストなのだ。

東京2020で初めて五輪種目になったスポーツクライミングは、東京では3種目の複合で開催された。それもIOCの都合である。このようにIOCが元々の競技の仕組みにまで介在し、伝統も理念も無視して自分たちの都合で変えてしまう例は過去にも数多くある。そのことを日本のメディアは積極的に報じない。大手新聞社がこぞってオフィシャル・ペーパーになっている。つまり、IOCとビジネス・パートナー契約を結び、一緒に利益を追求する立場にいるのだから、やむをえない。

IOCは、『ぼったくり男爵』などと東京2020でも揶揄《やゆ》されたとおり、巨額のスポンサー収入や放送権料を得ている。だが実際には、IOCが儲けを一人占めしているのではない。収益の7パーセントだけを留保し、他はIFと総称される各競技団体に分配している。

サッカー、テニス、陸上など、それを当てにせずとも自立している競技団体はわずかで、多くの競技はIOCからの補助金を主要な財源にしている。だから、IOCの意向には逆らいにくい。もし五輪種目から外されたら、競技の存亡の危機に瀕する恐れさえある。そういう圧倒的な支配関係にあるのが、世界のスポーツの現実だ。

結局、お金に支配されている。理念よりお金が優先しているのだ。

もうひとつ書き加えよう。東京2020のスポーツクライミングの選手選考では大きな混乱があった。国際ルールに則り日本の競技団体が代表に選んだ選手が、国際団体に却下された。私も関係者に取材したが、日本の団体と国際団体の解釈の違いと説明された。日本の団体は国際スポーツ裁判所に提訴したが、認められなかった。あの時、一度は代表に決まりながら、結局東京大会に出場できなかった選手が森秋彩だった。森はそれから3年近く国際舞台から離れた。

「何もする気になれなかった」という長い日々を経て、「スポーツクライミングが好きだから」「最初に始めた小学校1年生の時の、あの楽しさでずっと競技を続けたい」そんな思いを取り戻し、再び世界の舞台に戻った。そして2022年秋、復帰戦からいきなり国際大会2連覇を果たし、パリ五輪にも出場した。

私は、パリ五輪から帰った森に取材を申し込み、森の自宅に近い土浦市のボルダリング・ジムで会うことができた。

「スポーツクライミングは、人生をより豊かに彩る一つの要素です」

森は言った。自宅で暮らし、複数のスポンサーも得ているから、いまは生活にも競技資金にも困っていない。けれどパン屋でのアルバイトを続けている。

「お金は苦労して稼ぐものだと思っているので。スポーツクライミングは好きだから、仕事にはしたくない。プロにはなりません」

テレビで見ると、幼そうにも見える。小柄であどけない表情だが、実際に会ってみると、強烈な意思の強さを感じ、圧倒された。

「登ってみましょうか」そう言って目の前にある壁を登って見せてくれた。森が登る光景は、テレビで見る印象と遥かに違う軽快さがあって、感銘を受けた。壁面をよじ登るというより、飛ぶように移動する。蜘蛛が壁面を滑ったり跳んだりしているようだ。

「私の強みは、ホールドを握り込まないことです。指先でぶらさがる感じ。握ったら力を使って、すぐ腕に乳酸がたまってしまいます」

壁を降りた森が話してくれた。得意とするリード競技は、昇る高さを競う。セッティングの難しさとの対峙とともに、疲労との勝負でもある。

世界のライバルたちが驚嘆する彼女の抜群の持久力の秘密は、「力を使わないこと」にあるという。二の腕も驚くほど細く、華奢《きゃしゃ》だ。

「指先3ミリあればぶらさがることができます」

そう言って、もう一度壁に飛びついた。本当に指先を引っ掛けているだけに見える。ところが、その体勢から全身に活力を与え、パッと30センチ上のホールドに移動した。

手や腕の力でよじ登ったのではない。「むしろ、背中とか腰の力のような気がします」、森は言った。

最後に次に何を見ているのかを訊くと、こう答えが返ってきた。

「競技は、勝つためにやっているのではありません。スポーツクライミングは楽しい。そして自分との闘いです。東京２０２０の前は、他人軸というか、他人との闘いばかりに心が揺れてしまって、自分を失っていました。いまは、登ることそれ自体が楽しい。オリンピックは目標のひとつですし、負けたくはありません。でも、人生の目標はほかにもあります」

感動は人を動かすが、やり遂げる力にはならない

私は「熱狂は警戒すべき」と書いたが、「感動」を否定する気はもちろんない。その「感動」をどう位置づけたらいいのか、その指針も宇城師が明快に示してくれた。

《確かに感動すると人は動き始めることができます。しかし、感動がやり遂げる力になるわけではありません。

物事をやり遂げるためには、その事の理解が必須です。

そしてその理解とは、常識を延長した先にあるものではなく、本質的な理解を指します。

また本質的な理解ができると、感動がなくても人は動き始めます。そして、ついにはやり遂げるのです。》

宇城師は補足して言う。

「今の常識や科学にはない、あり得ないことを、私が体現する《気》は実証しています。今の延長上に希望ある未来はありません。今を変えてこそ、希望ある未来があるのです」

日本社会が希望ある変化を遂げるために

多くの国民がいま、日本社会は衰退していると認識している。一部の政治家らが権力を盾にして自分たちの私利私欲を満たしている。彼らとつながる者たちだけが豊かになり、その仲間から外れる者は虐《しいた》げられる。明らかな不正や隠蔽《いんぺい》が露呈しても、司法でさえ法に則った裁きをしない。権力者たちは平然と開き直り、居座り続ける。メディアも、本来果たすべき報道の使命を放棄し、権力側に加担して儲けの片翼を担っている。国民が本当に知るべき事実は封殺され、事実を訴える者が社会の中枢から追われる。そんな国になり下がったようにも感じられる。日本はどうしてこれほど理不尽な社会になってしまったのだろう。

その要因は、日本社会が絶対的な基準を失い、真理に根差した「型」を持たない社会になってしまったからではないか。宇城師から武術を学ぶうちに、それが確信となった。真理とは何か、基準となる価値観の共有は大前提だと思う。熱狂に踊らされ、気がつけば為政者たちの思うつぼにはまって流されていく国に一人ひとりの希望はない。

第七章

「戦わずして勝つ」

武術が平和に貢献する道

文・宇城憲治

他尊自信

昔からの武術の教えに次の言葉があります。

「打って勝つは下の勝ちなり。
勝って打つは中の勝ちなり。
戦わずして勝つは上の勝ちなり」

まさに生き残るための勝ち方のレベルを教えています。

「戦わずして勝つ」とは敵をつくらないことであり
敵をつくらないとは
仲よくする、愛するということであり

愛するとは相手を尊重し、許容することであり
許容するためには
自分の器を大きくすることが必要です。

すなわち自信です。自信が他尊を生む。

まさに「他尊自信」です。

「戦わずして勝つ」の具体的な実践技こそが
「先《せん》を取る」にあります。

「先を取る」の「先」とは、単なる時計の時間ではなく
体内の細胞を基準にして生じる時間です。
この時間が時空を創り、時空は調和融合を生みます。
そこには境界がなく、すべてが溶け合い一つになり

相手との対立が消えます。
その事が「間を制す」すなわち
「事の起こりを制す」につながっていきます。

特に武術では
「身体先にありき」「実証先にありき」
が最優先でその後に理屈や理論があり
知識はさらにその後にあること。
この時系列を間違えてはなりません。

先を取る

私は、空手や居合の原点にある修業すなわち、武術の術技にある真の意味や「戦わずして勝つ」を生み出した江戸時代の無刀流や、またその術技の根源にある「先を取る」などを追求するなかで、そこに目に見えないが確実に存在する「氣」というエネルギーの実態を確信するに至りました。

江戸時代の剣術の究極である「無刀取り」や「先を取る」などを今に再現してみると、時代は異なるものの、その究極に至るプロセスは同じであることがわかります。

そこに相手と自分との「間」及び、相手の太刀筋を変化させる「間」、すなわち量子力学で言う時空を変化させる極意が存在していることがわかるのです。それがまさに、刀を抜く前に勝負をつける「戦わずして勝つ」のあり方です。それを可能にするのが武術の極意としての「先を取る（事の起こりを押さえる）」であり、それが今の四次元にない異次元時空を創り出しているということでもあります。

すなわち「無刀取り」や「先を取る」という術技は時間を先取りすることで可能とな

るもので、この事は未知にある目に見えない時空を照らす道筋となると同時に、私たちが確実に生き残っていくための教えとも手段ともなります。この次元の術技の最大の特徴は、自分だけでなく相対する相手をも「活かす」術技であるということです。

「先を取る」とは、相対した相手の「事の起こり」を押さえることによって、より先に相手を制するということですが、「事の起こり」とは相手の動作ではなく、相手がその動作をしようとする「脳での意識の段階」よりさらに前の「無意識の段階のところ」に働きかけるというものです。

また、武術で言う「入る」は、まさにこの「無意識のところ」の何かを感じ取って対処するというものです。空間に時間を合わせた四次元の世界のことを「時空」と言いますが、「時空」とは、つまり「間」のことであり、武術で言うところの「間を制する」とは、この四次元の時空と調和するということでもあるのです。

この時空・間において相手の無意識の事の起こりの波動を捉え、感じ取るセンサーが「気」であり、この「気」を研ぎ澄ますための最良の方法が、古来から残されてきた空手の「型」とその型を使えるためのプロセス「分解組手」を通しての「事理一致」の稽古です。

さらにその修得の度合いとして応用組手があります。そこでは意識して出る技から、咄嗟に出る技への変化が求められます。さらに術の段階から目に見えないエネルギーを発する「気」への変化を伴なう心身のあり方は、今にこそ十二分に活かすことのできる、武術文化が残してくれた日本文化の財産だと思っています。

「戦わずして勝つ」の根源「真心」

江戸時代に開眼された新陰流には「活人剣」という「相手の先を取り、相手を封じ、相手を活かす」あり方があります。ただし、それは初太刀によって相手を制する術技があることが前提条件にありますが、このように江戸時代当時、すでに相手を観念させる「戦わずして勝つ」という技が生み出されており、この時代の次元の高さがわかります。

また当時の資料を見るとすべてにおいて共通しているのが、「戦わずして勝つ」を可能にする根源が「真心」にあるとし、「心の重要性」を説いていることです。

それに比してスポーツ的な風潮にある現在の武道は、本来の武術の次元に立ち返ることが必要ではないかと考えさせられるところです。

武術の言葉に、

「斬り結ぶ　太刀の下こそ地獄なれ
　　一歩踏み行けば極楽なり」

という教えがありますが、まさにこれは、「一歩踏み行けない」のは心の恐れのためであり、この恐れの心の克服こそが、一歩前に進むことができ活路が見出されることを教えています。

言葉を変えれば、武術の極意である「入る」が先行すれば、逆に恐れは消え、一歩踏み行くことができるということでもあります。何が先かではなく、まさに心と技が表裏一体であることの大切さと、そのヒントを説いているわけです。これは現在にも充分あてはまることであり、堂々と一歩踏み込める自分に成長したいものです。

さらに武術の言葉に、

「身体は、内なる気に応じて動き、
　気は、心の向かう所に応ずる」

という教えがあります。

これは人間の「身体」は、「気」や「心」という目に見えないものに連鎖していることを諭しています。実践してみればまさにその通りになります。現代の私たちの身体動作に比べその次元の高さがわかります。

私はこのような江戸時代の剣の極意「戦わずして勝つ」の次元にこそ、日本が世界に誇って発信できる平和実現への鍵があると考えています。争いや戦争において生き残るための勝ちは、相手を殺すことになり、そこには相手方の国、また家族や身内に悲しみや恨みを残してしまいます。そうかと言って負けでは死を意味し、生き残れず、かつ自分の国、また家族や身内を守れません。そういう境地から生み出された最良のあり方が、「先を取る」ことによって可能となる「戦わずして勝つ」の術技と悟りです。これが争うことへの最大の抑止力になる本質だと思います。

エピローグ

スポーツの目的は何か

勝ち負けの先にある喜び

トレーニングをする目的は「割れた腹筋」「ダイエット」と言う人がいまは少なくない。競技に打ち込むアスリートの目標は「金メダル」「プロ入り」「多額の契約金」などだろうか。

けれど、割れた腹筋や金メダルは、「日常生活に必要な大切な閃《ひらめ》き」「創造力」「行動力」につながるだろうか？　まさかの事態に直面した時、大切な家族や友人を守る糧になるだろうか？

幼い頃からスポーツが大好きになり、六十年以上もスポーツと深く関わり続けた私の中には、いまも「栄光」に対する捨てがたい憧れがある。勝利・感動に心を惹かれる。それは、最高峰のアスリートは、「人としても尊敬すべき総合力を持った人」という幻想が前提にあるからだ。

長年の取材を通して、実際には「必ずしもそうではない」と知った私の新たな旅はそこから始まった。

金メダルを目指す選手が、不安や怯えから顔に磁気テープを張り、ネックレスに頼り、つまり『依存症』に陥っている現実がある。勝負の重圧による精神的トラブルを抱え、競技から離れる選手もいる。身体のケガはもっと多い。

スポーツは心身の健康のために貢献するはずなのに、身体も心も痛めるための不健康な取り組みになっていないだろうか。

今私が二十歳前後の若さで、もし究極の選択を迫られ、「金メダルが欲しいか、宇城師が自在に発揮するエネルギーが欲しいか」と問われたら、間違いなく後者を選ぶだろう。宇城師がそうされたように、若くして栄光や名声をつかむよりも、宇城師が自在に操るエネルギーを体現できる人間になりたい。五輪の金メダルより遥かにそちらに心が躍る。

競技で一番を目指すのは魅力的な通過点だが、その先にさらに深く豊かな次元があることを知った上で競技と向き合えたら幸せだと思う。それこそが本来のスポーツの意義だと今は感じる。

「平和を実現する力」

オリンピックは「平和の祭典」から「ビッグ・ビジネスの中核」に変質した。しかしスポーツはこれからも、平和をもたらす友好と親善の架け橋であり続けてほしいと願う。日本には古来、「戦わずして勝つ」という奥ゆかしく雄々しい身体文化があることを宇城師から学んだ。私が学びを通して最も感動したのは、「大切な人を思いやるやさしさに満ちた時、人は潜在的な能力を発揮できる」という真理だ。心身を磨くことで「筋力」とは次元の違う「人間力」を高めることができる。これほど希望に満ちた生き方はない。やさしさ、思いやりがエネルギーの源泉になる。衝突でなく、調和が伝播する。それこそが日本が進むべき未来ではないか。私はスポーツライターとして、スポーツを「勝ち負けに終始する競技」ではなく、「調和に到達する身体文化に高めること」こそが目指す道だと気づかせてもらった。それが宇城師から学んだ貴重な指針であり宝物だ。

アインシュタインからの伝言

宇城師も対談されたノーベル生理学・医学賞受賞者・大村智博士の著書の中に次の記述がある。これは、宇城師が塾生有志に送ったメールで紹介された一節でもある。

《——一九二二年、アルバート・アインシュタインは、日本に四〇日間滞在して次の言葉を残した。

「世界は進むだけ進み、その間に、いくどもいくども闘争をくり返すであろう。そして、その闘争に疲れ果てる時がくる。その時、世界人類は平和を求め、そのための世界盟主が必要になる。その盟主とは、アジアに始まって、アジアに帰る。そして、アジアの最高峰、日本に立ち返らなければならない。我々は神に感謝する。天が我々人類に日本という国をつくってくれたことを」。八〇年余り前に、西洋の偉大な科学者が、東洋、とりわけ日本の高い精神性に期待していたのである——。》

この一文に励まされ、前向きな気概を感じる日本人は少なくないだろう。私もその一人だ。アインシュタインが率直に感じ、強い期待を向けてくれた日本人の特別な愛の力は、勝利至上主義に支配されたスポーツのトレーニングから培われるとは思えない。私たちには使命がある。そして、それを担うだけのＤＮＡを秘めている。それはまさに、本書で伝えた日本の伝統的な身体文化と生活習慣にこそ確かな道筋がある。

終わりに、私のような、本当は教えても変わる可能性がないと判断された人間を見捨てず、人生に大きな希望を与えてくださった宇城憲治先生にこの場を借りて心よりお礼を申し上げます。本書執筆の機会をいただき、感謝の気持ちでいっぱいです。

私の学びをずっと見守り、支えてくださった《どう出版》の木村郁子編集長、千葉由利枝さん、江坂宇城塾で最初に機会をくださった田村知則さん、本書でご紹介させていただいたすべての選手、指導者の方々、東京宇城塾で心強い相棒だった高校野球・有馬信夫監督をはじめ宇城塾、道塾、空手実践塾でともに学ばせていただいたみなさんに心からお礼を申し上げます。

令和6年（2024年）10月吉日

小林　信也

小林信也　こばやし のぶや

作家・スポーツライター。1956年新潟県長岡市生まれ。慶応義塾大学法学部卒。高校では野球部の投手、新潟県大会優勝。大学ではフリスビーの国際大会で活躍。大学３年の時、『ポパイ』誌スタッフライターとなり、卒業後は『ナンバー』誌のスタッフを経てフリーランスのスポーツライターに。2000年、宇城憲治先生と出会い師事。著書に『長嶋茂雄 夢をかなえたホームラン』『高校野球が危ない！』『子どもにスポーツをさせるな』『宇城憲治師に学ぶ 心技体の鍛え方』など多数。

宇城憲治　うしろ けんじ

1949年 宮崎県小林市生まれ。

エレクトロニクス分野の技術者として、ビデオ機器はじめ衛星携帯電話などの電源や数々の新技術開発に携わり、数多くの特許を取得。また、経営者としても国内外のビジネス界第一線で活躍。一方で、厳しい武道修業に専念し、まさに文武両道の日々を送る。

現在は徹底した文武両道の生き様と武術の究極「気」によって人々の潜在力を開発する指導に専念。空手実践塾、宇城道塾、教師塾、各企業・学校講演、プロ・アマ スポーツ塾などで、「学ぶ・教える」から「気づく・気づかせる」の指導を展開中。著書・DVD 多数。

㈱ＵＫ実践塾 代表取締役
宇城塾総本部道場 創心館館長
潜在能力開発研究所 所長

創心館空手道 範士九段
全剣連居合道 教士七段（無双直伝英信流）

ＵＫ実践塾ホームページ　http://www.uk-jj.com
宇 城 道 塾ホームページ　http://www.dou-shuppan.com/dou

宇城憲治師直伝「調和」の身体論
武術に学ぶスポーツ進化論

2024年12月4日　初版第1刷発行

著　者　小林信也
監　修　宇城憲治

定　価　本体価格 1,600円
発行者　渕上郁子
発行所　どう出版
〒252-0313　神奈川県相模原市南区松が枝町14-17-103
電話　042-748-2423（営業）　042-748-1240（編集）
http://www.dou-shuppan.com
印刷所　株式会社アルキャスト

ISBN978-4-910001-49-4